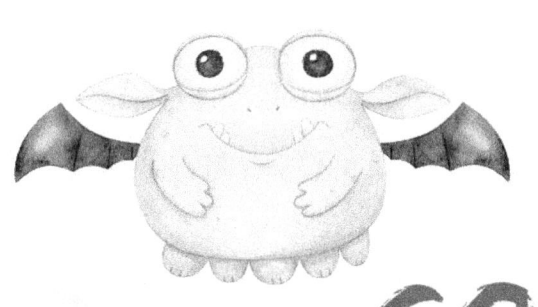

COLOREAR MONSTRUOS

MI PRIMER LIBRO DE COLOREAR

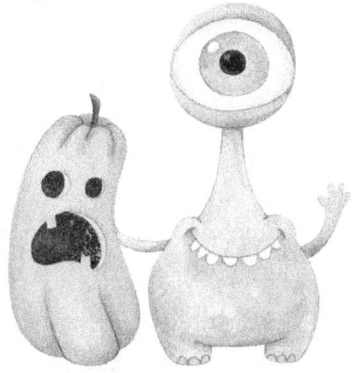

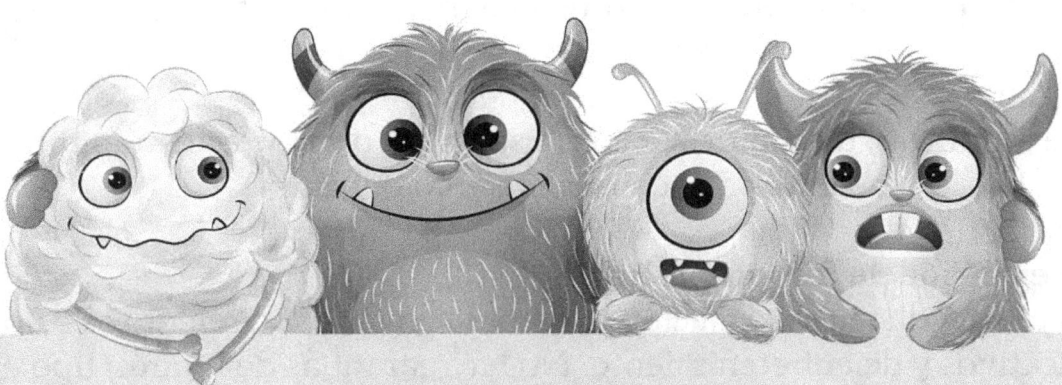

JULY S. CAMPBELL

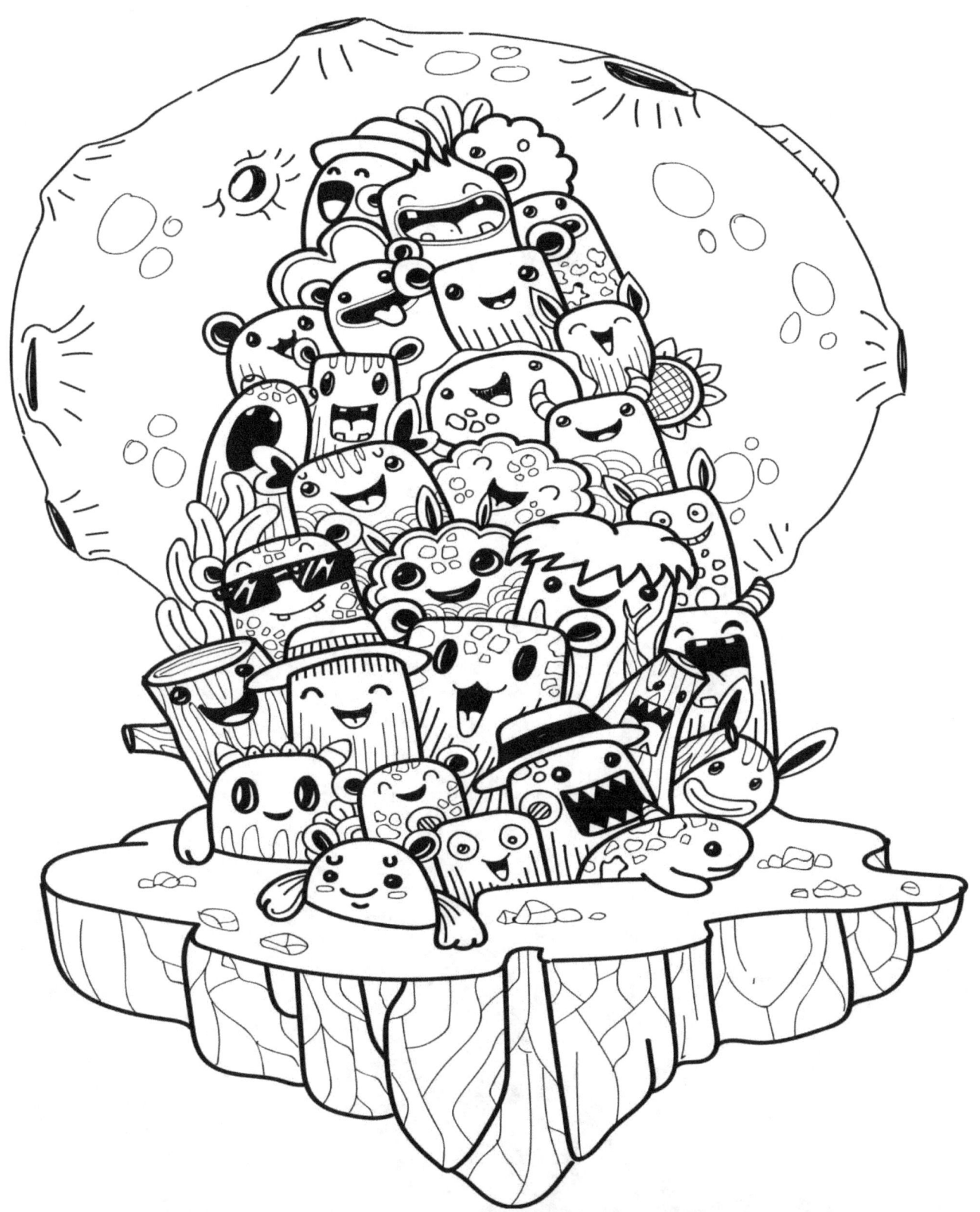

ESTE LIBRO PERTENECE A:

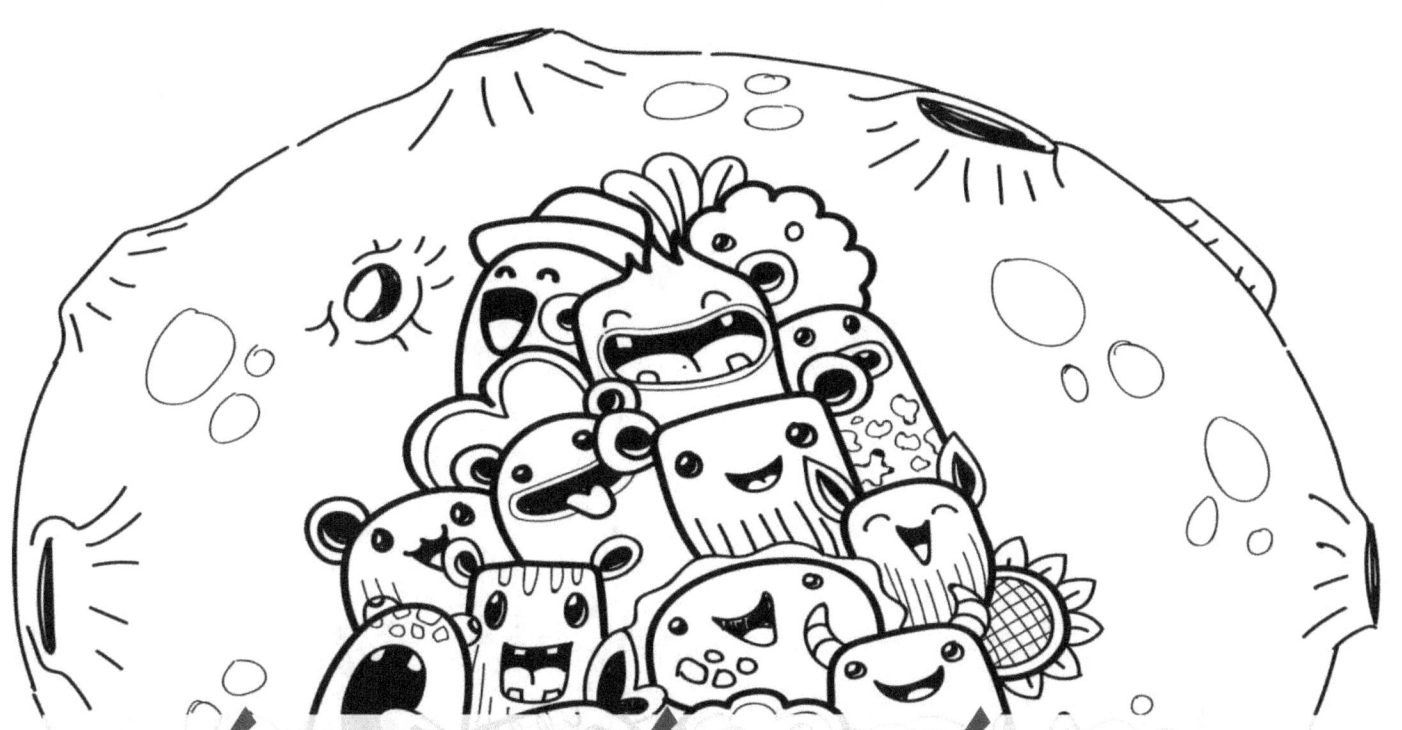

AQUÍ ENCONTRARÁS LOS MÁS LINDOS Y ADORABLES MONSTRUOS PARA COLOREAR. TAMBIÉN PUEDES CORTAR LAS PÁGINAS Y ENMARCAR TUS CREACIONES.

¡DIVIÉRTETE!

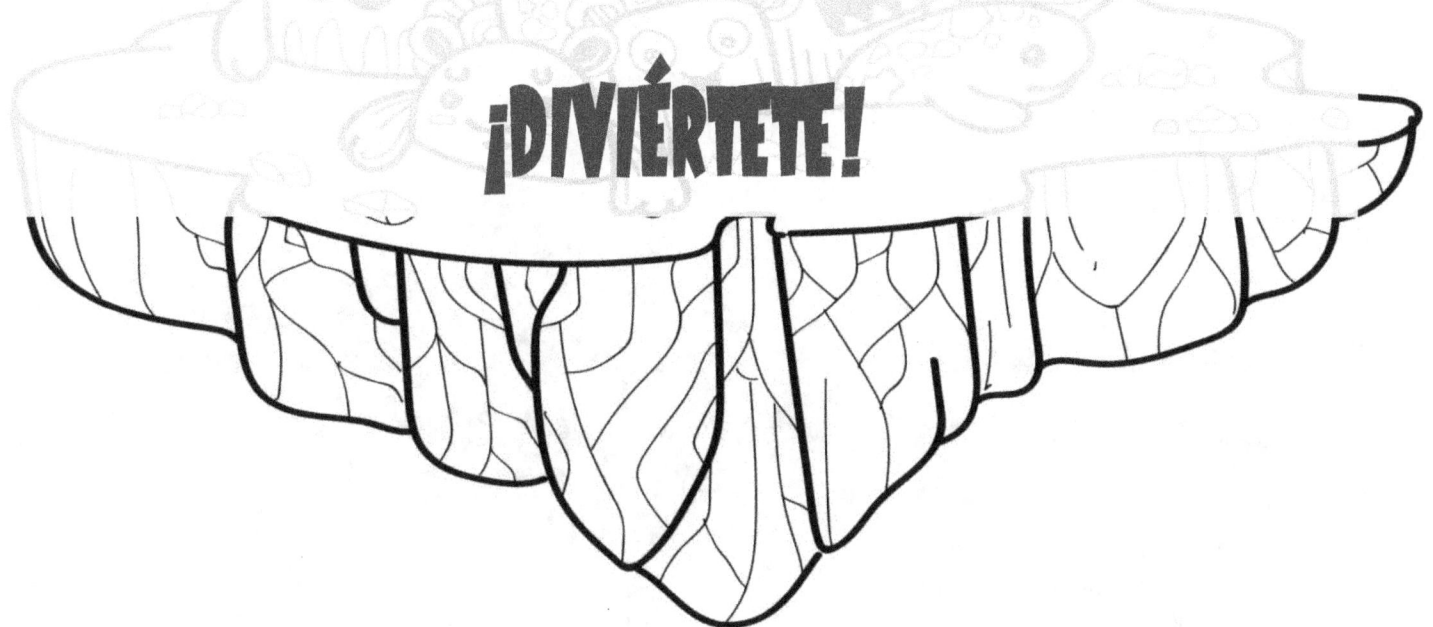

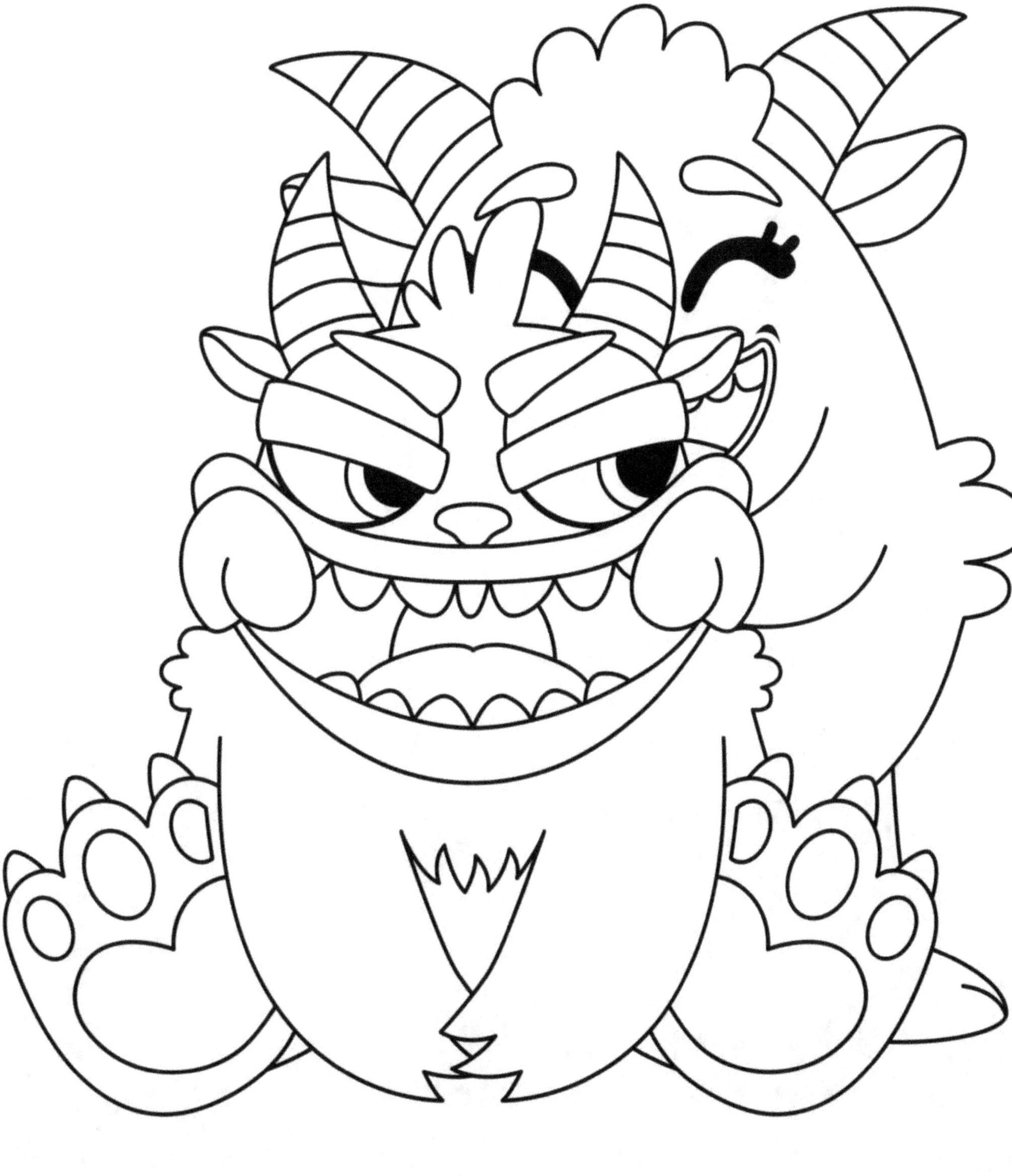

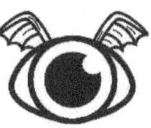
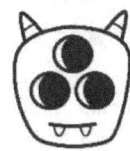
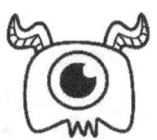

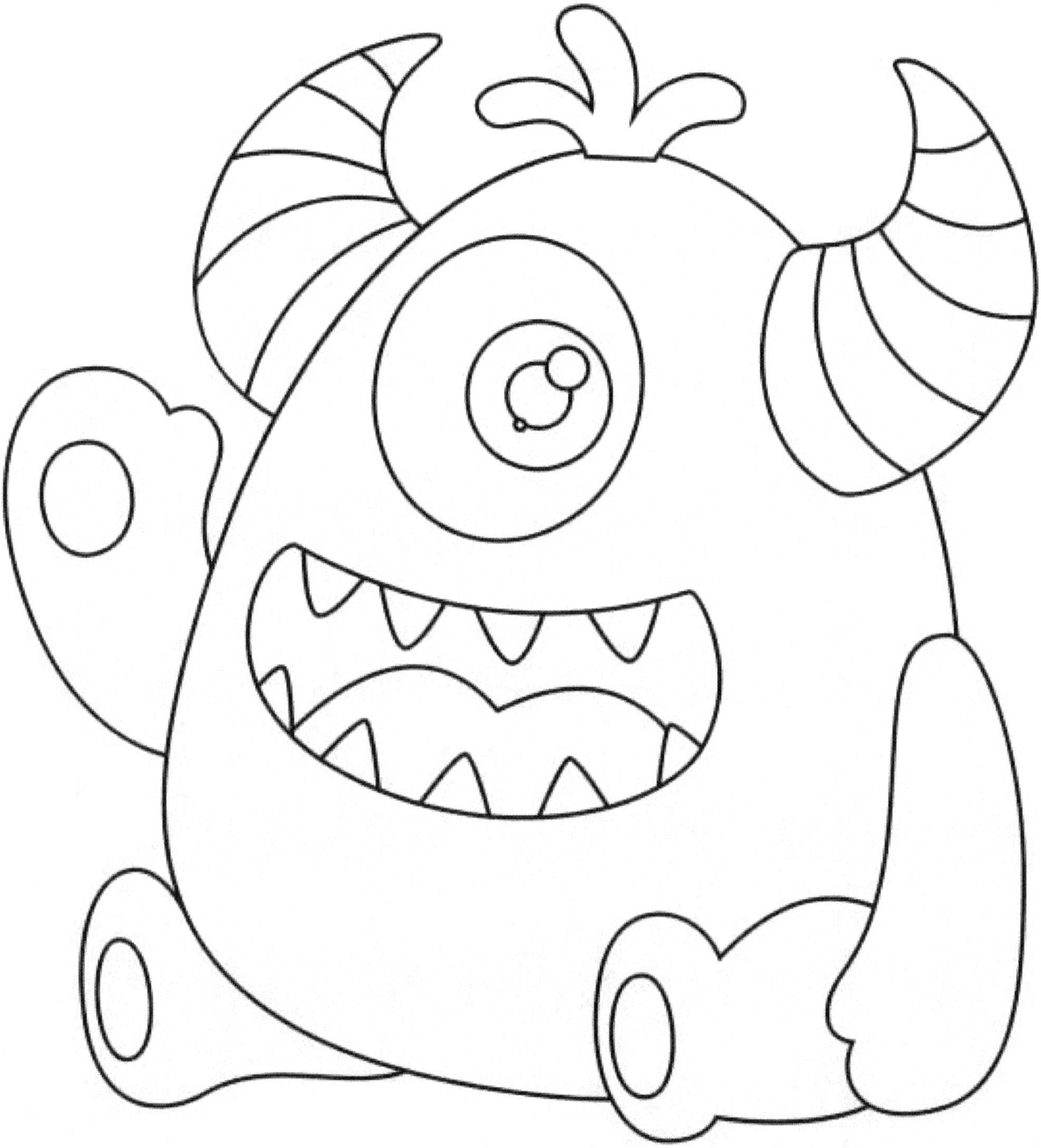

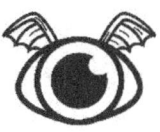
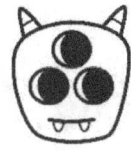
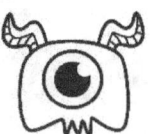

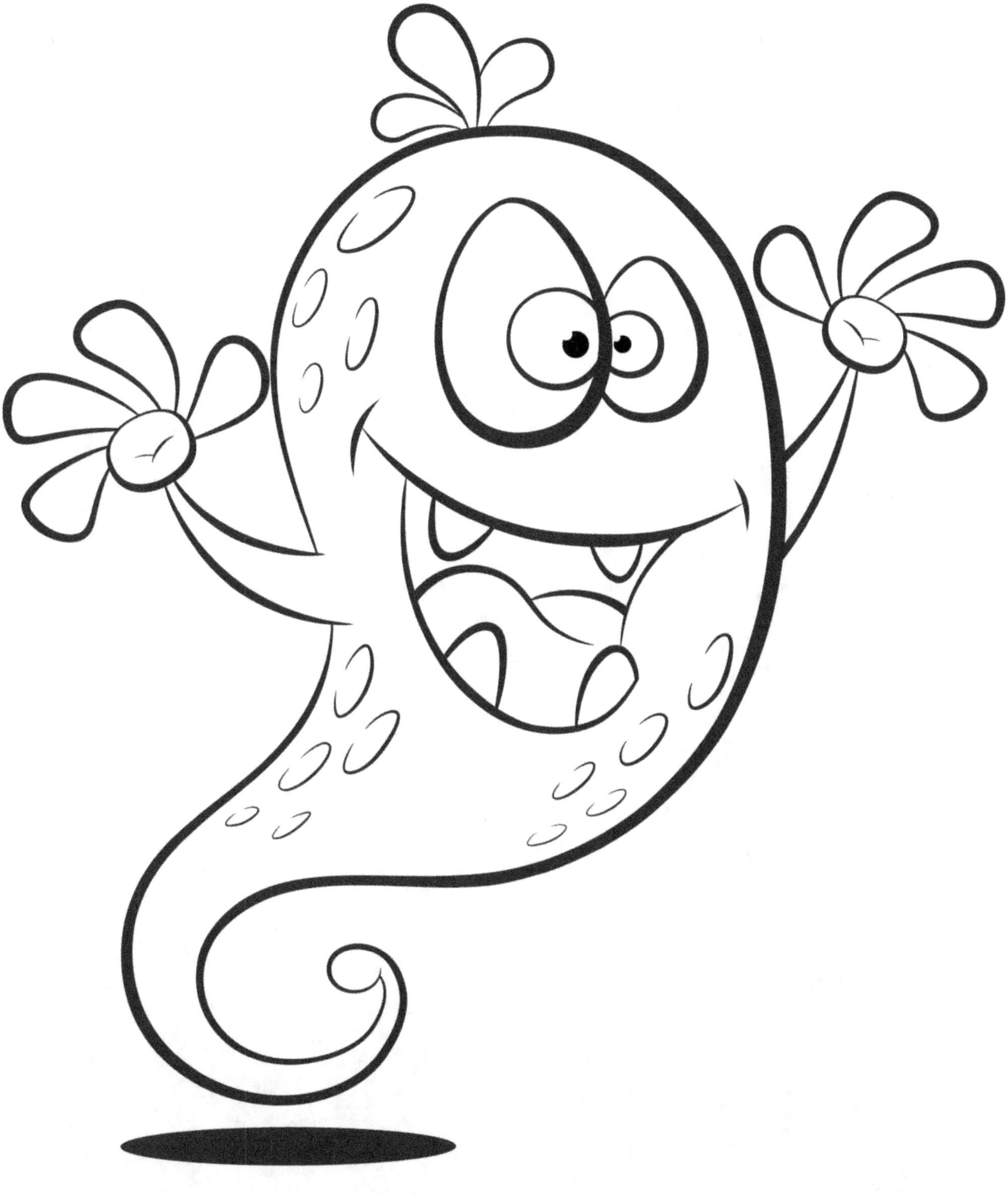

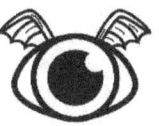
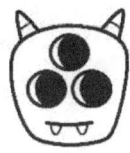
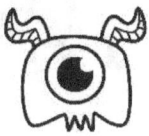

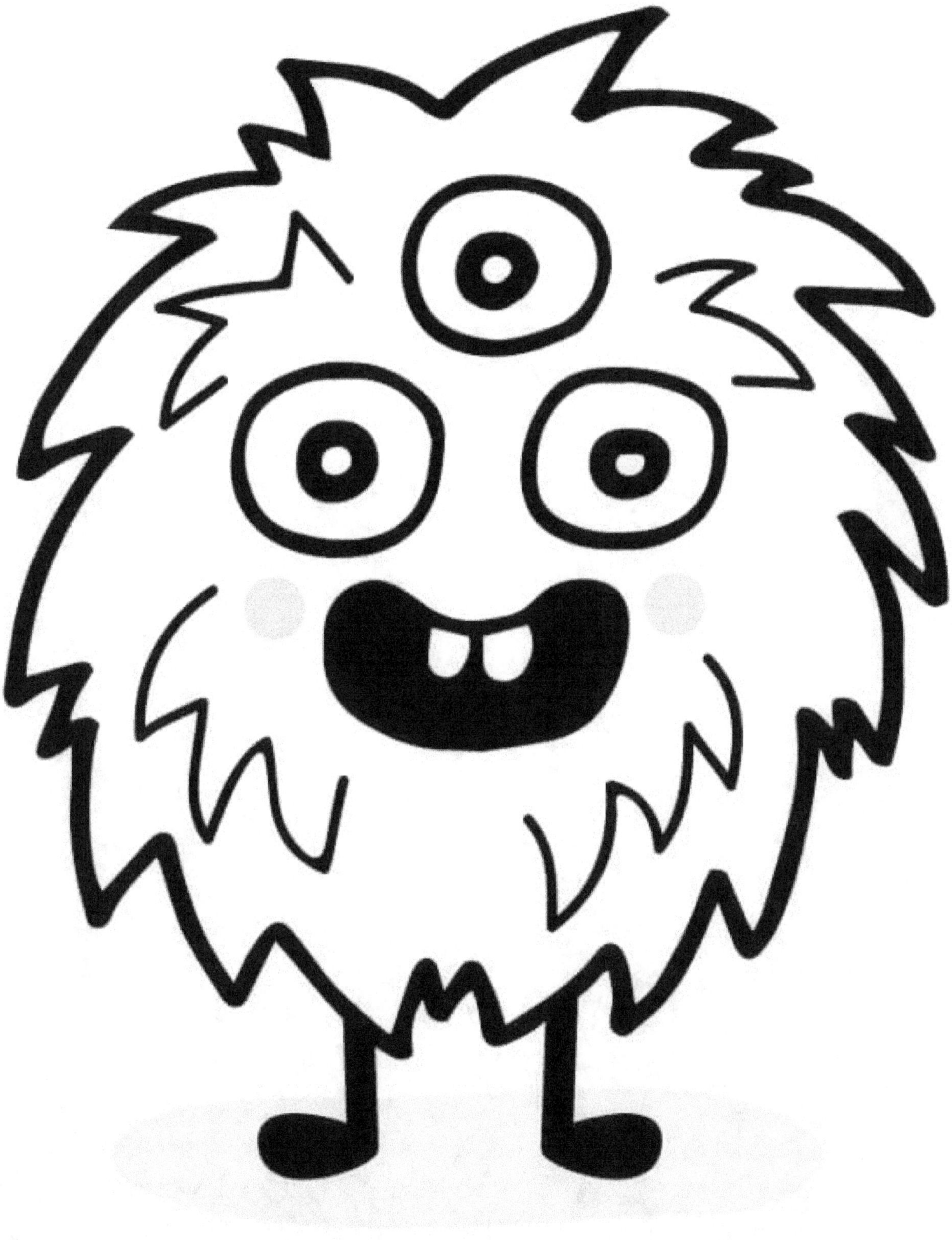

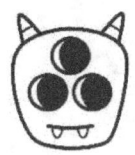
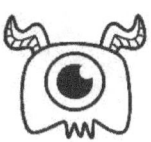

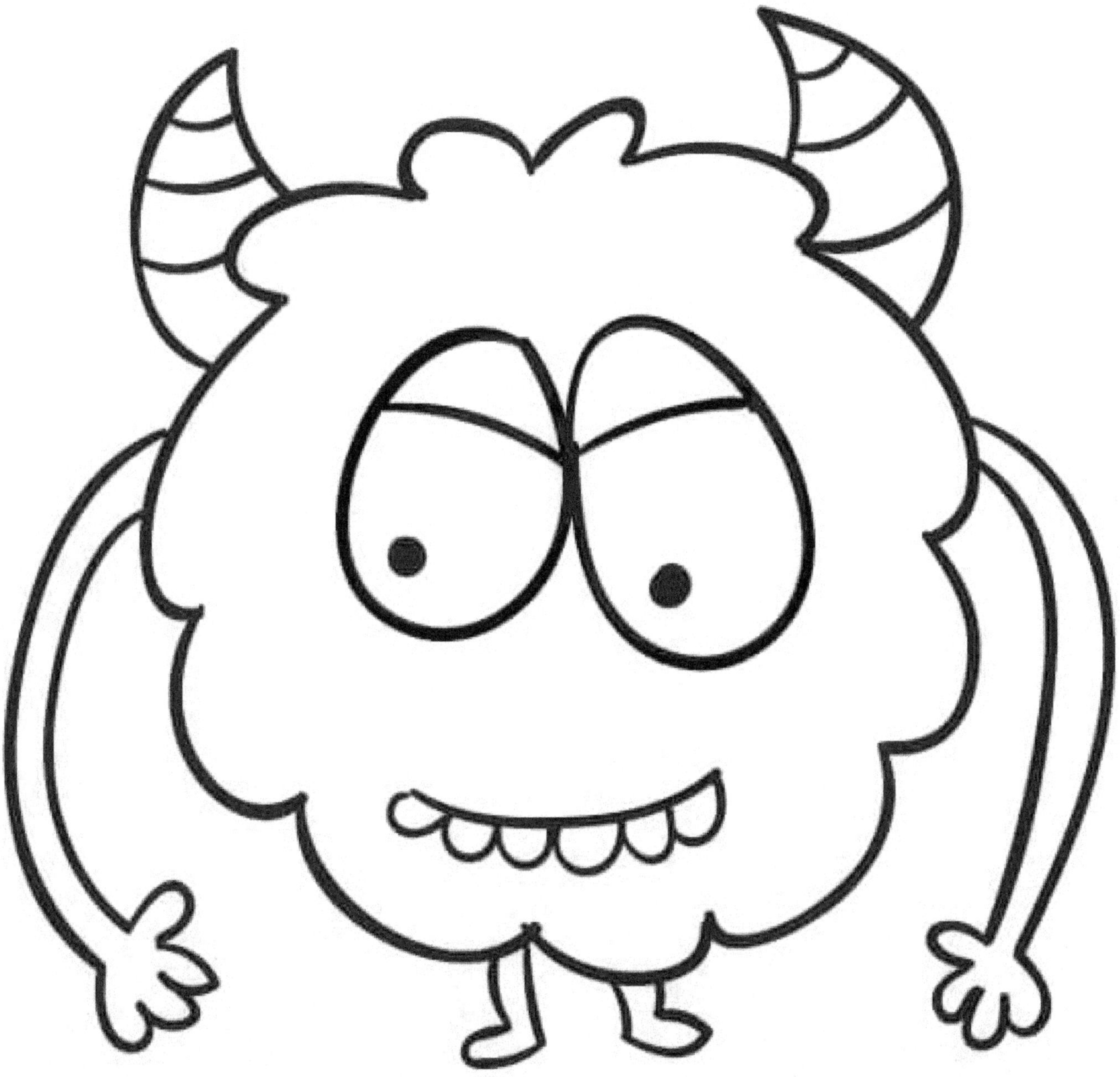

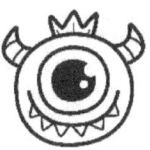
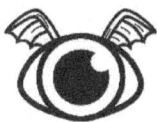
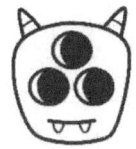
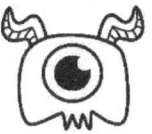

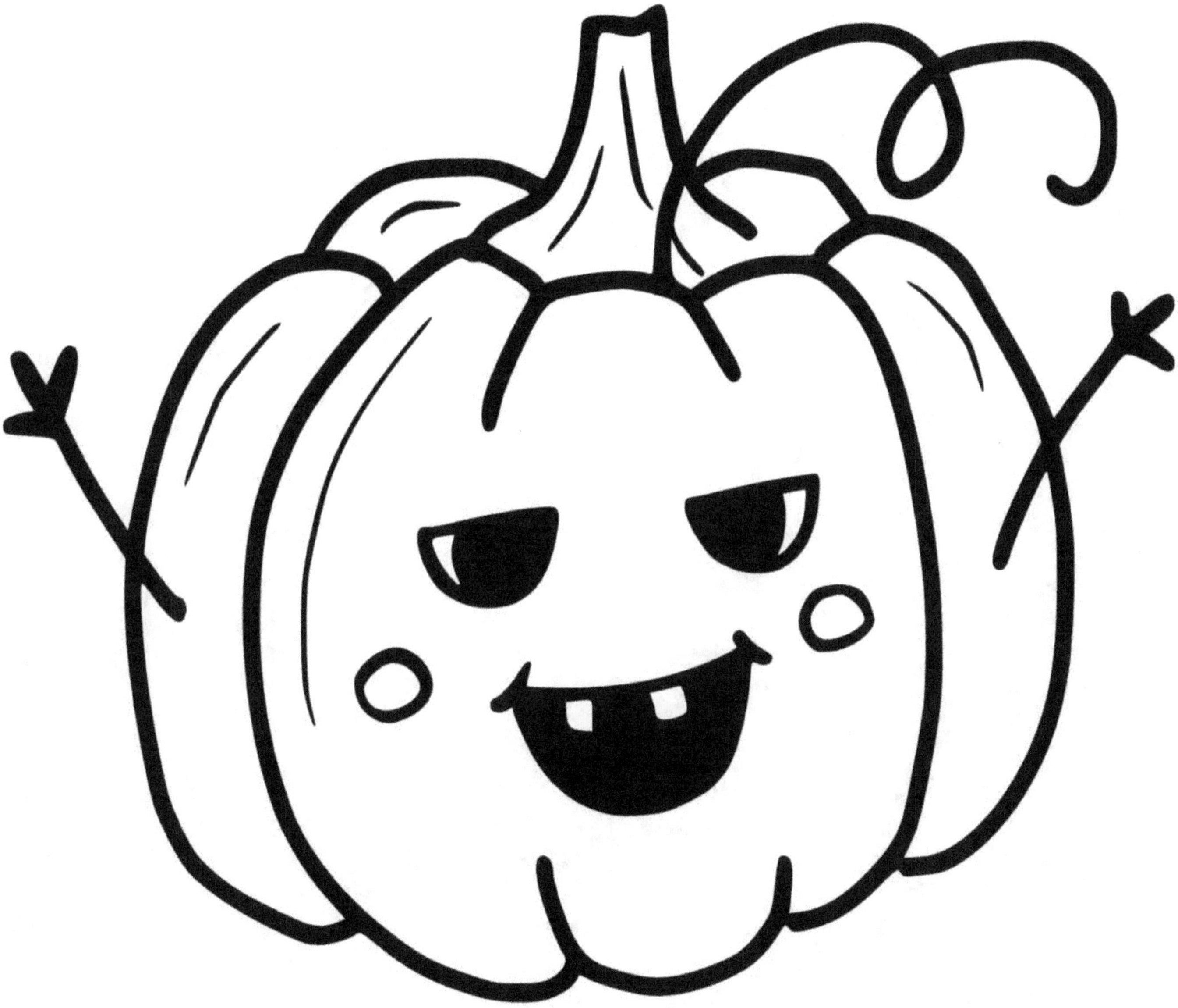

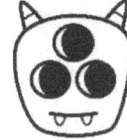
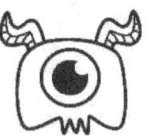

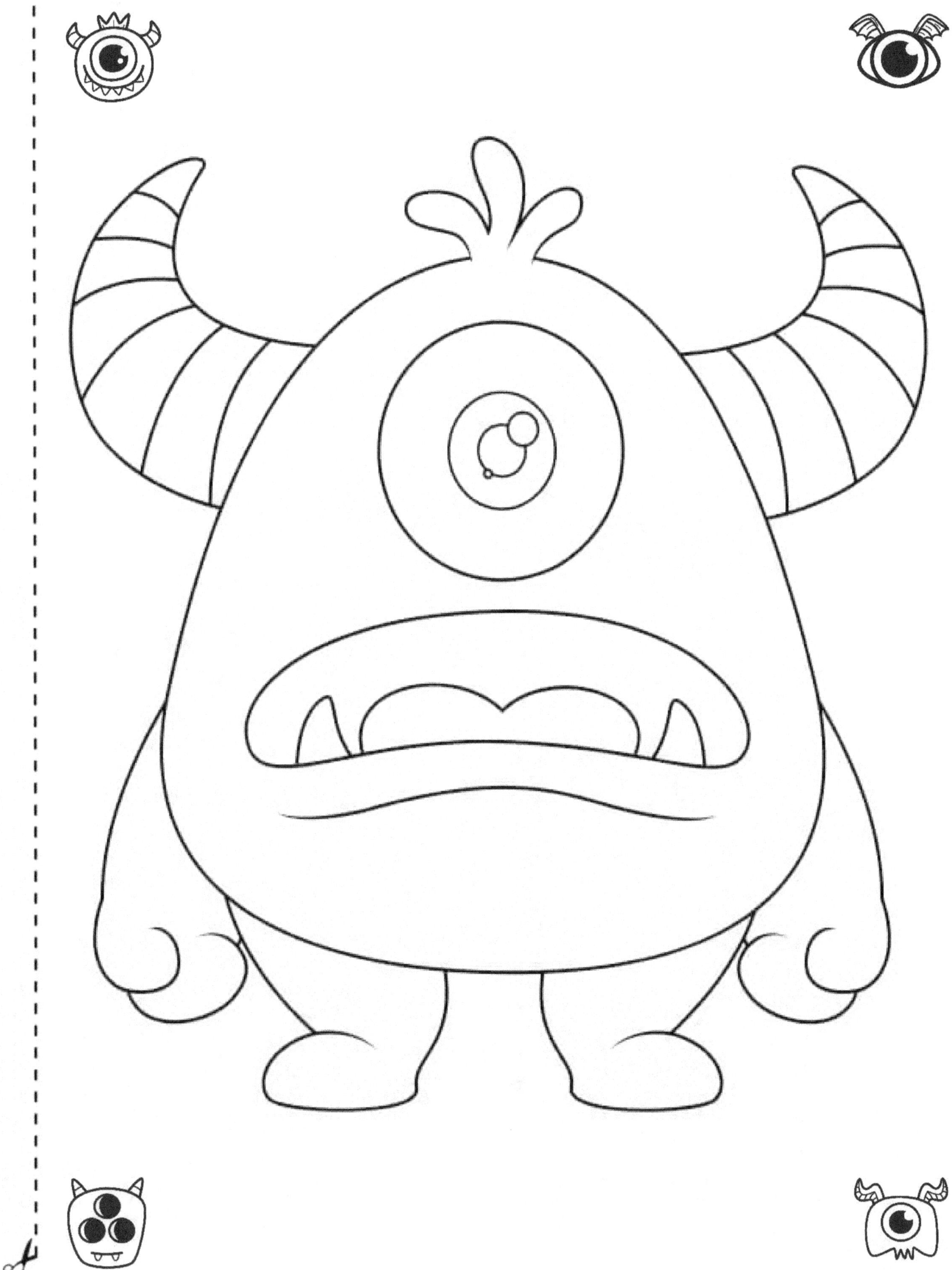

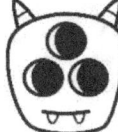
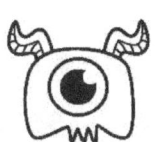

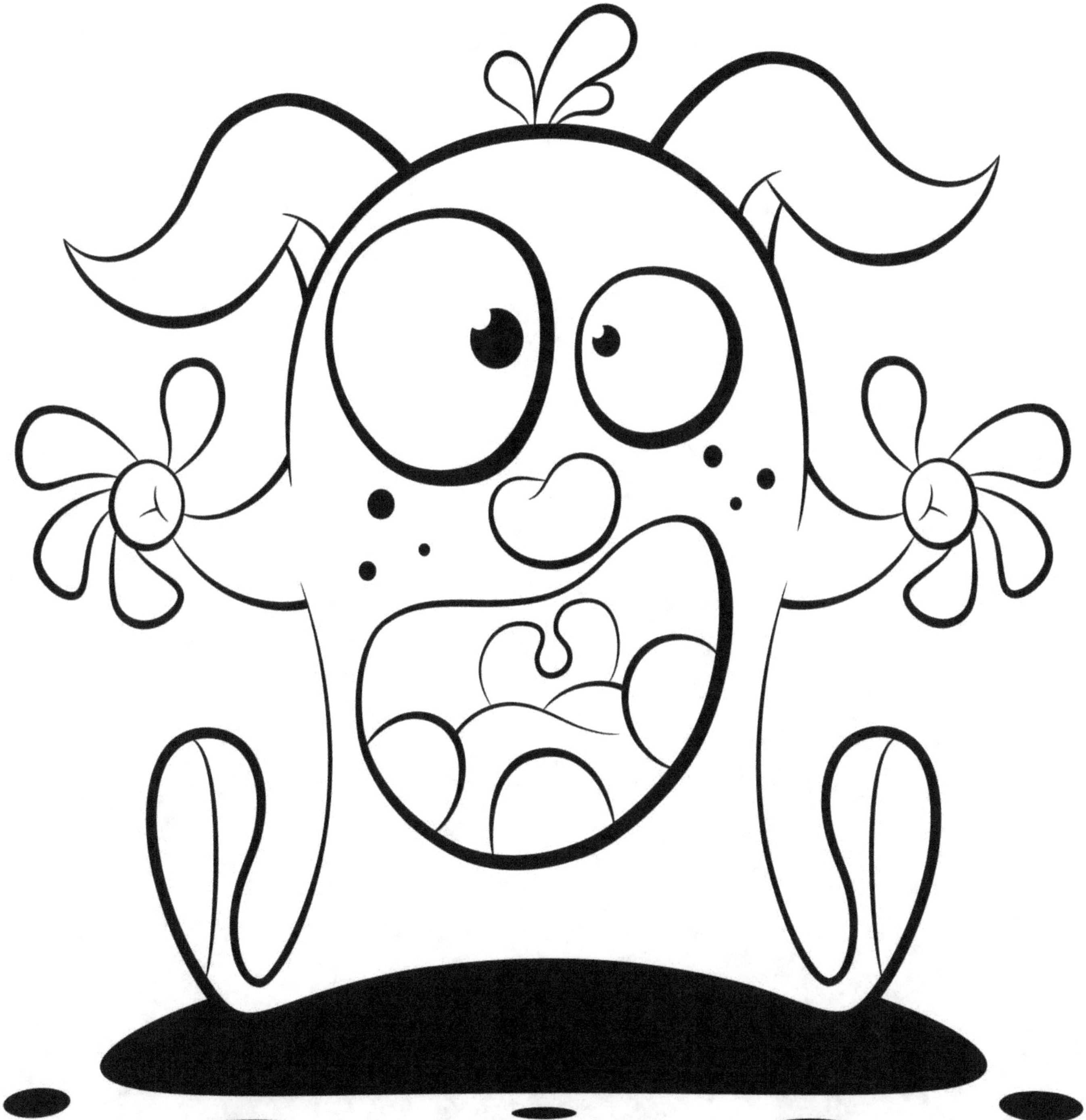

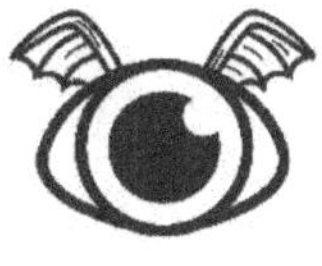

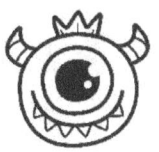

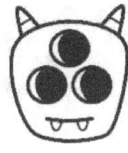
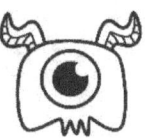

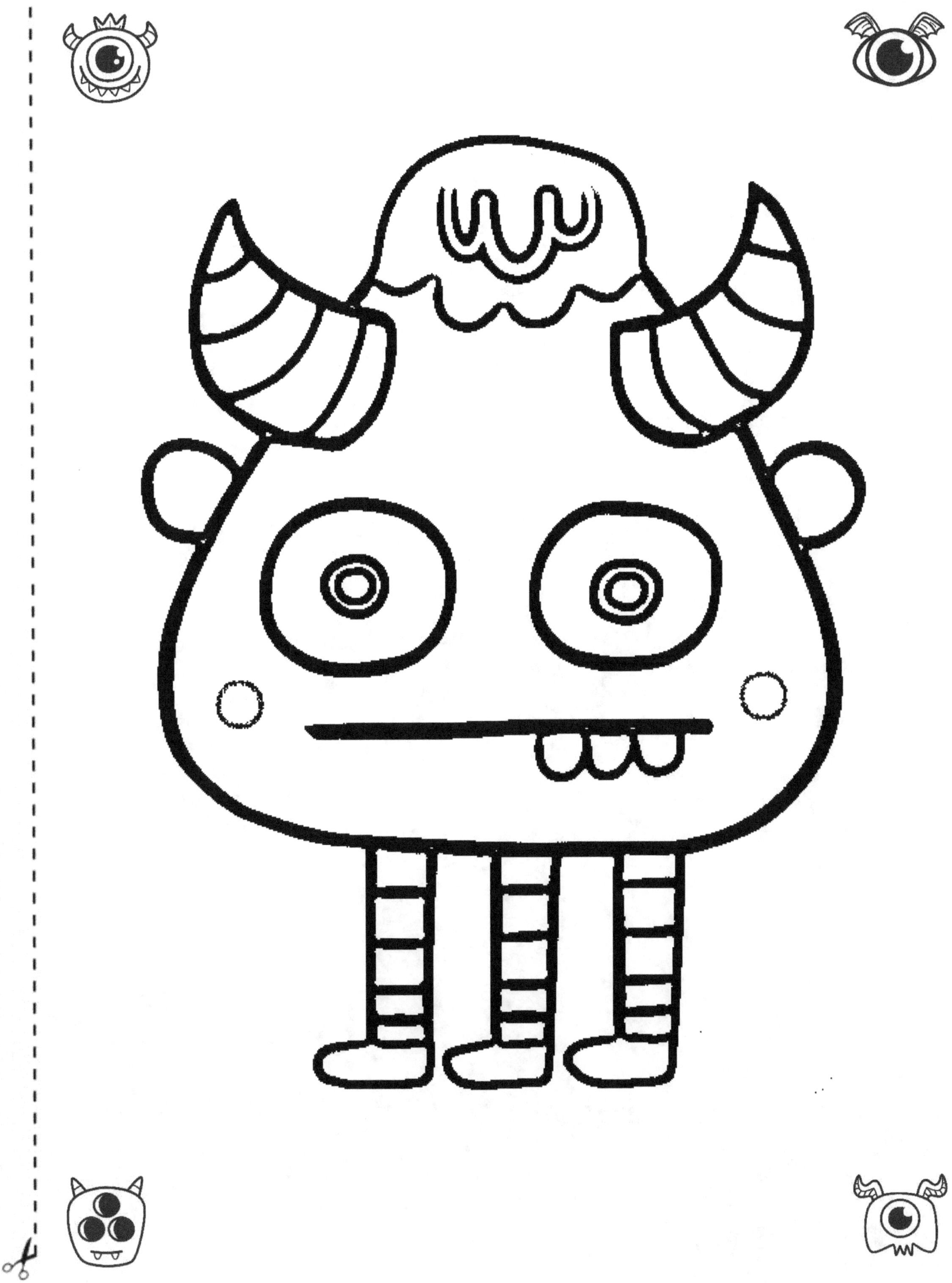

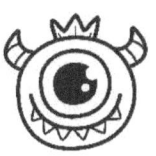
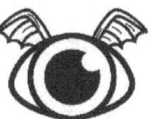
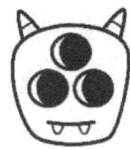
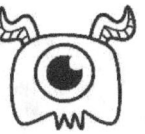

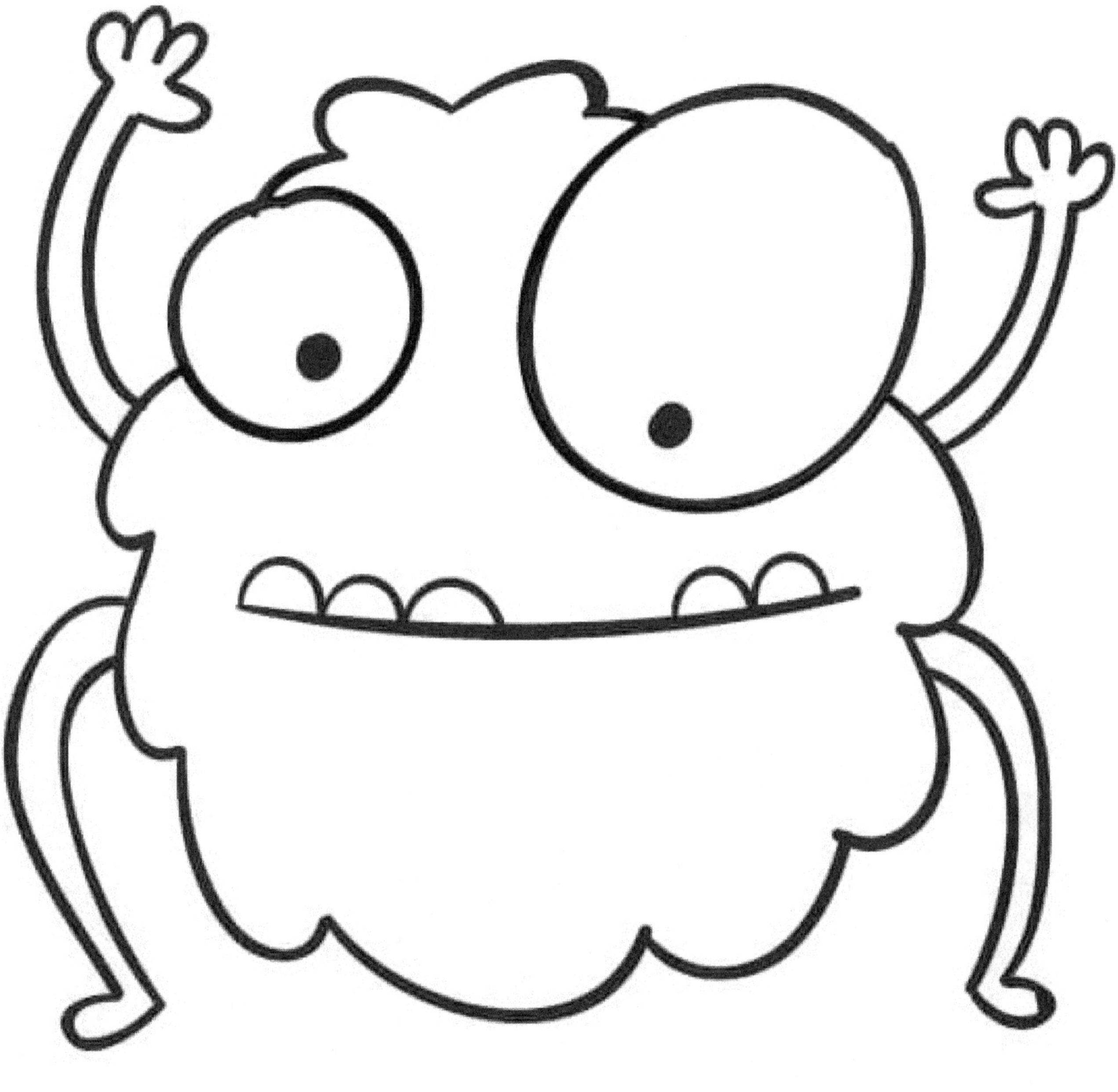

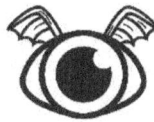
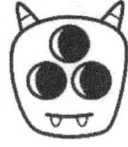
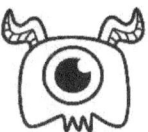

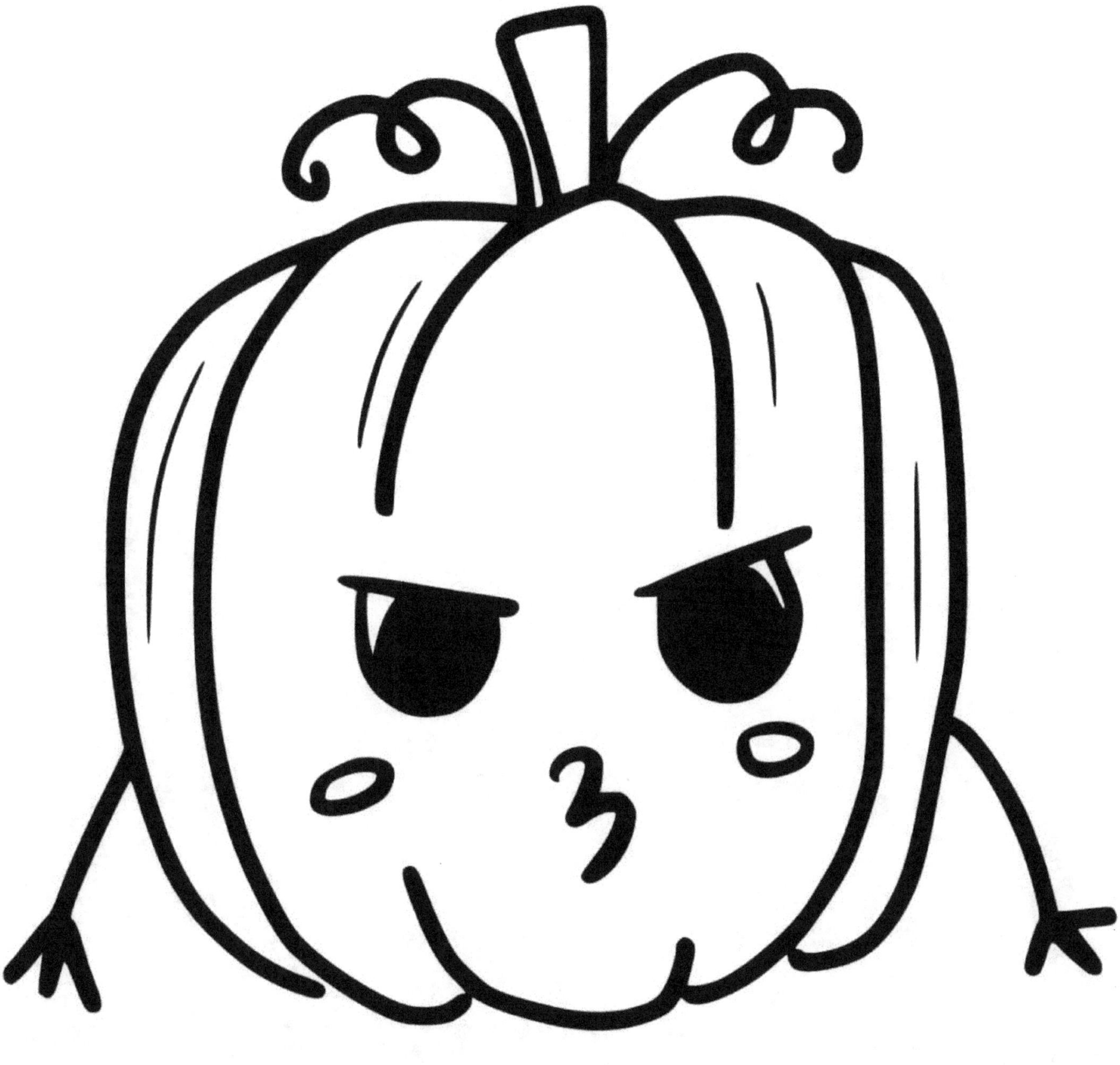

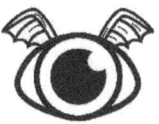
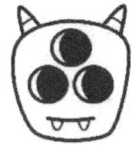
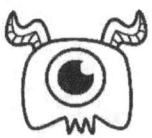

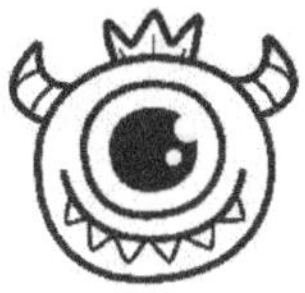

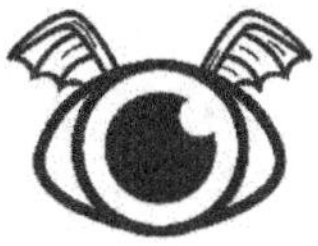

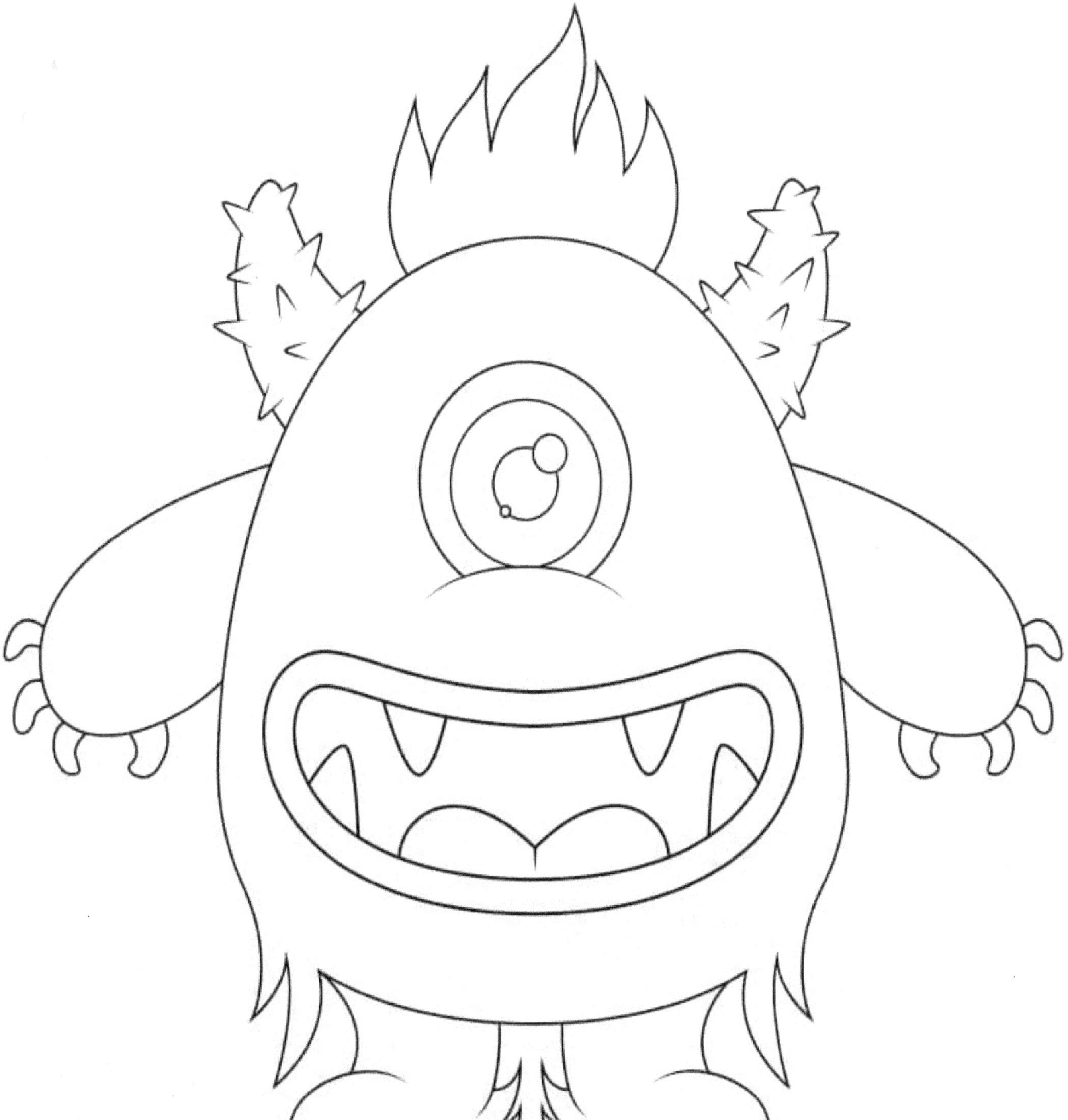

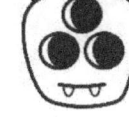
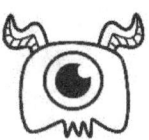

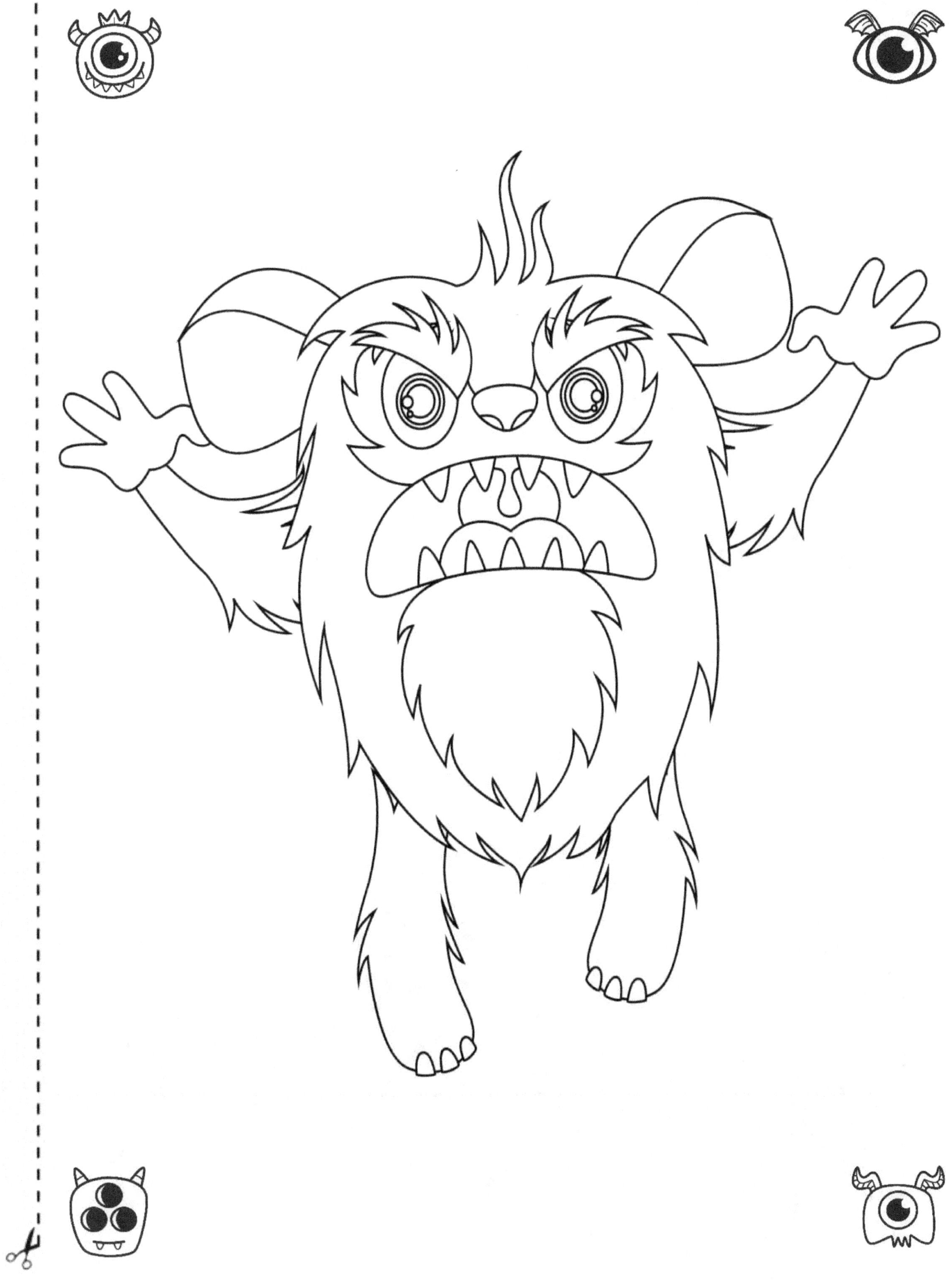

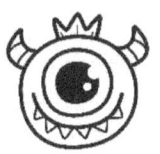
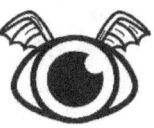
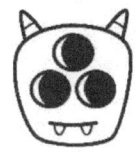
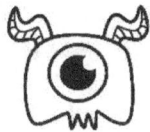

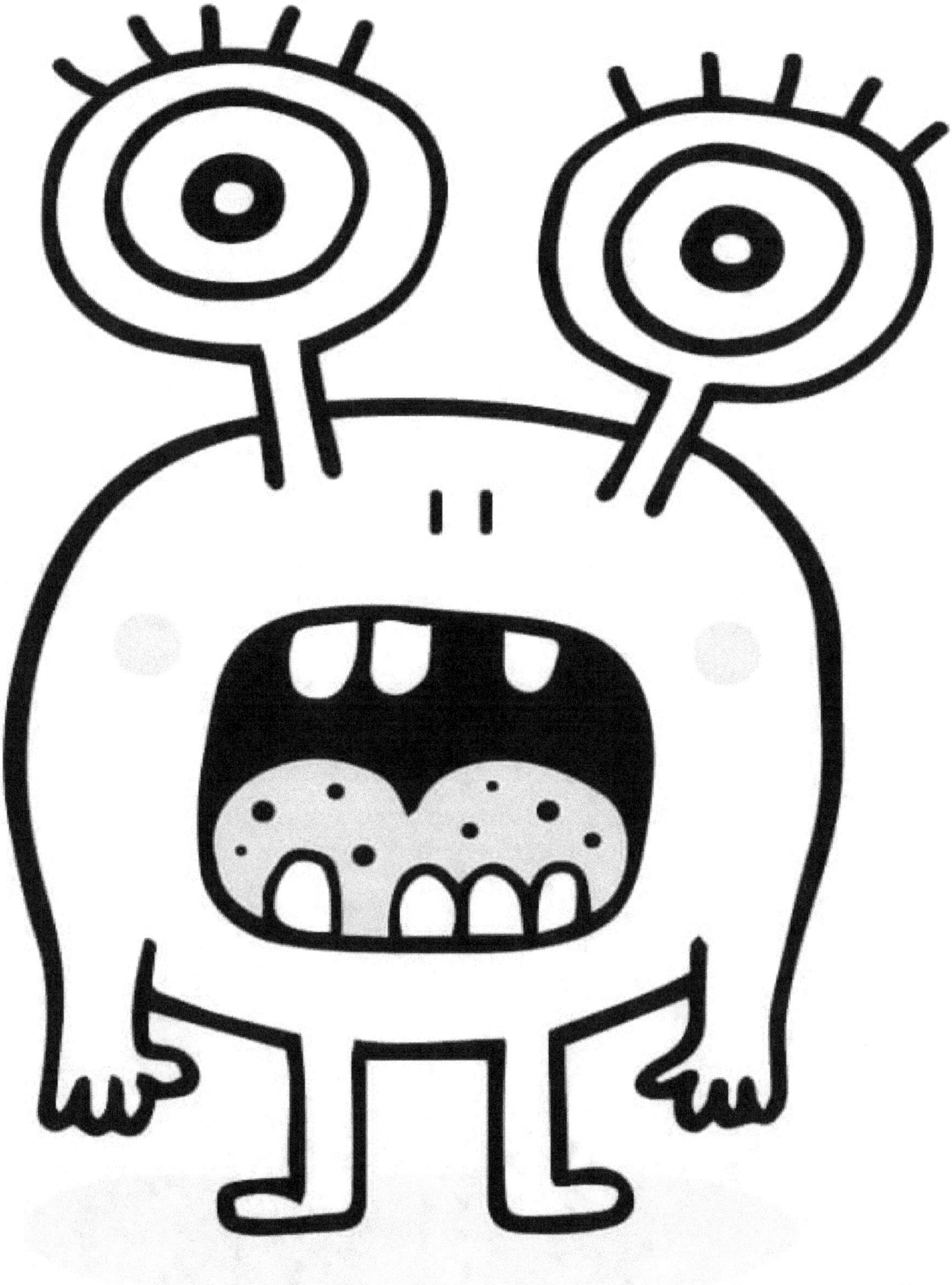

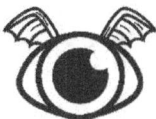
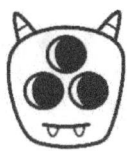
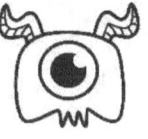

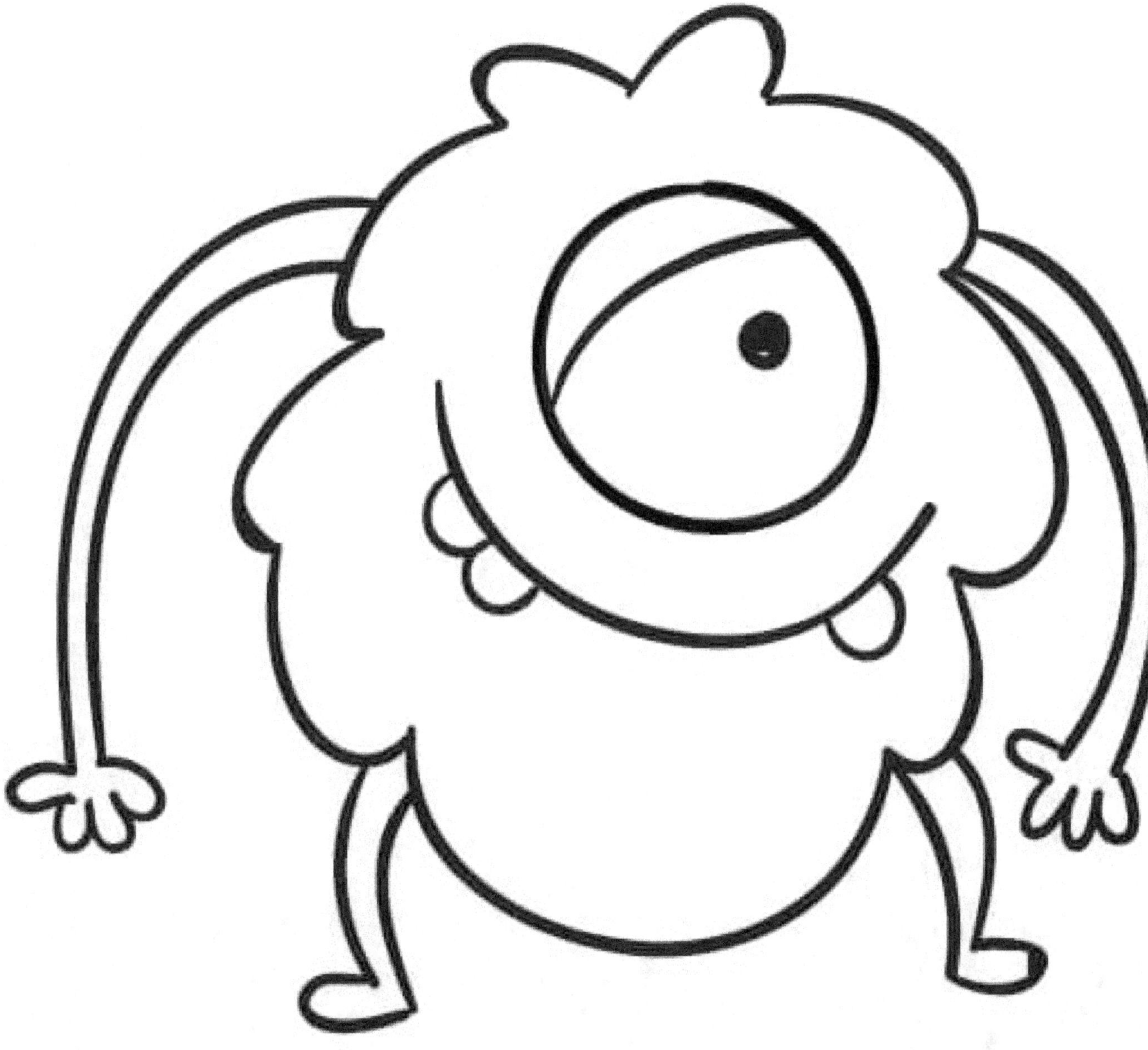

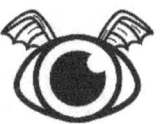
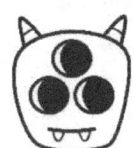
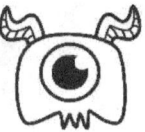

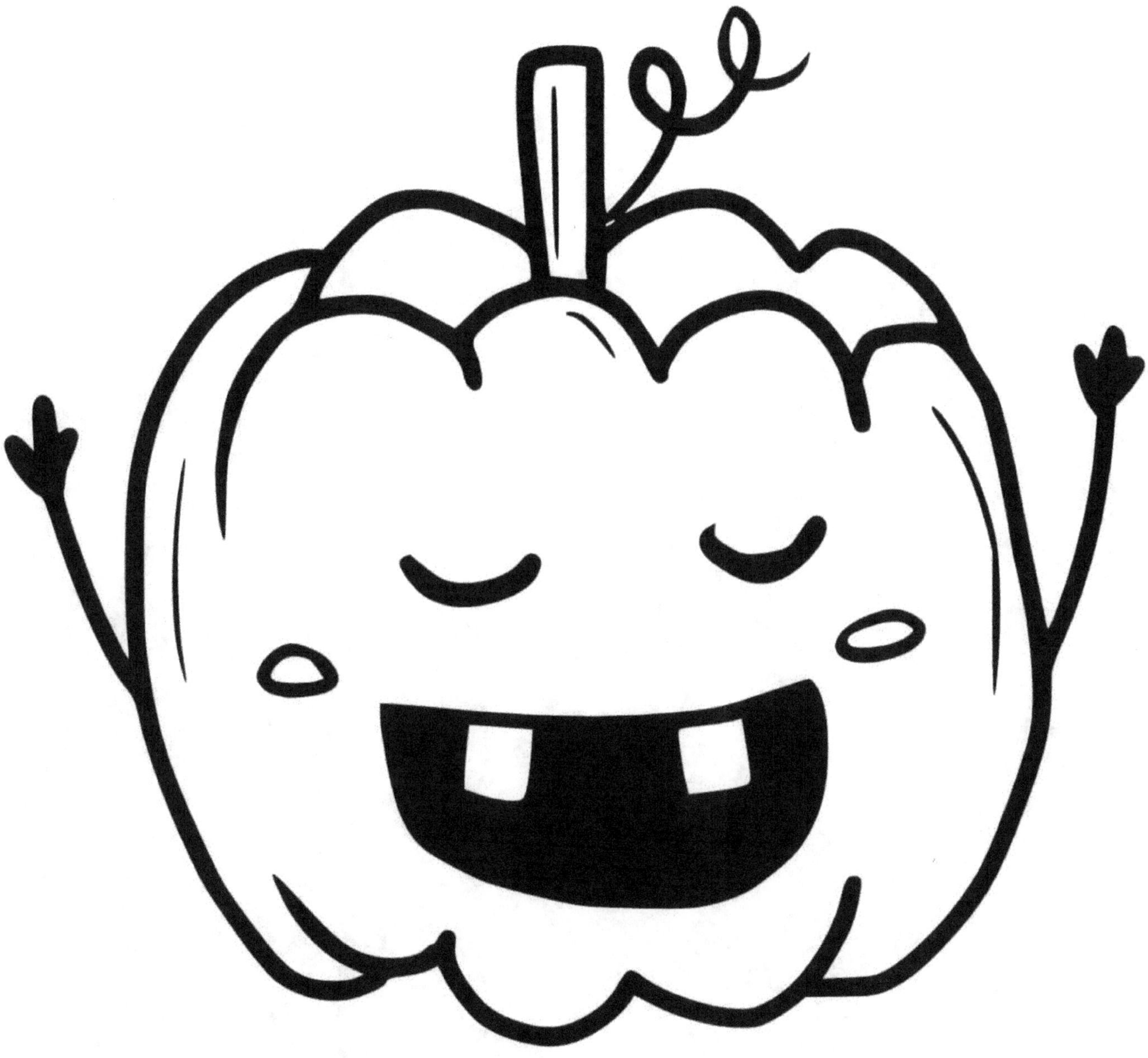

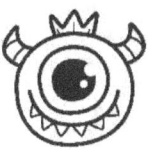

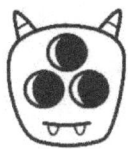
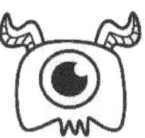

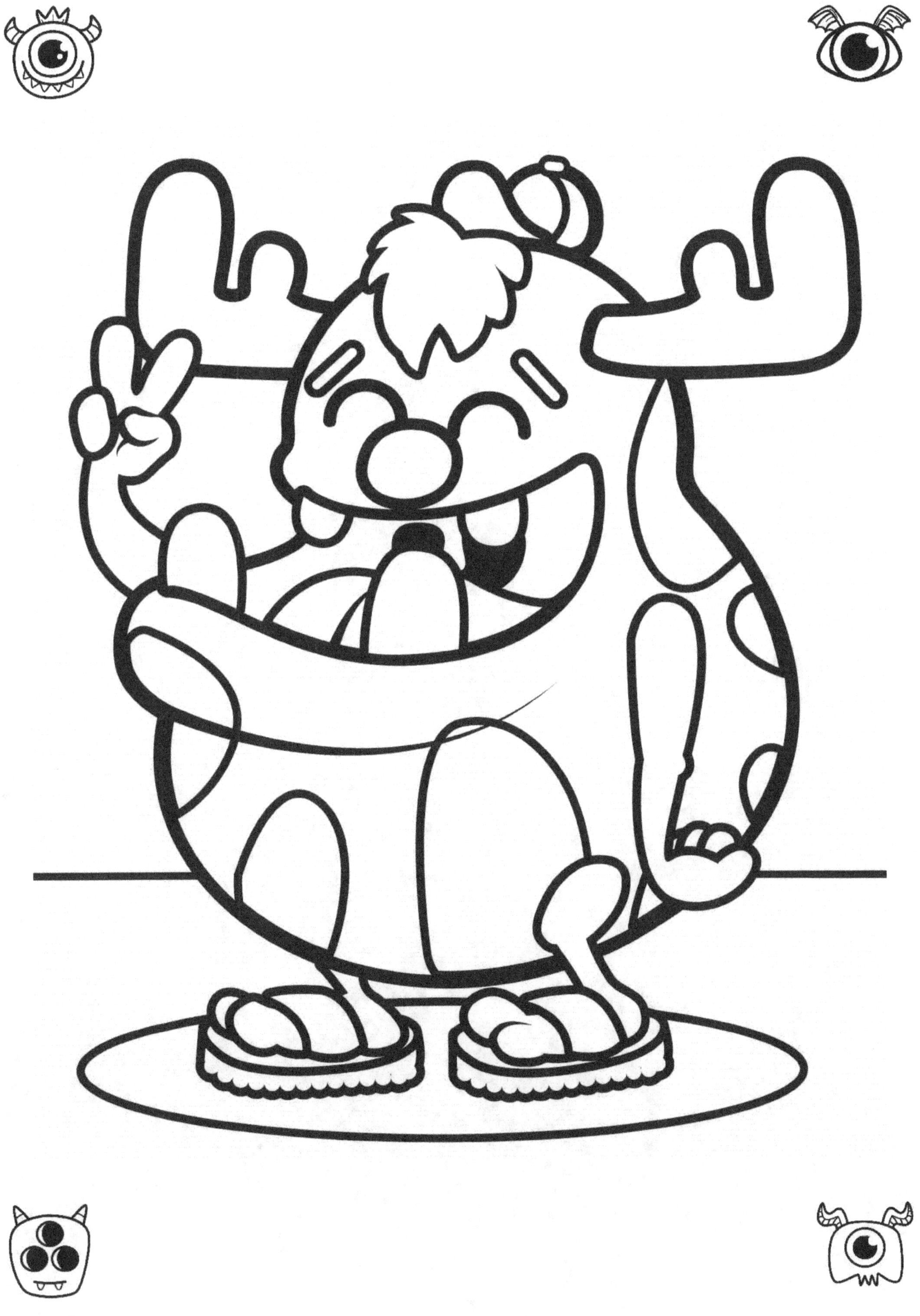

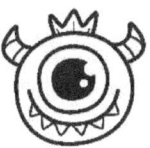
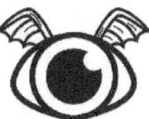
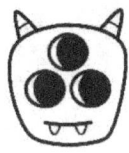
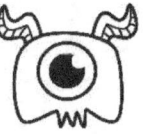

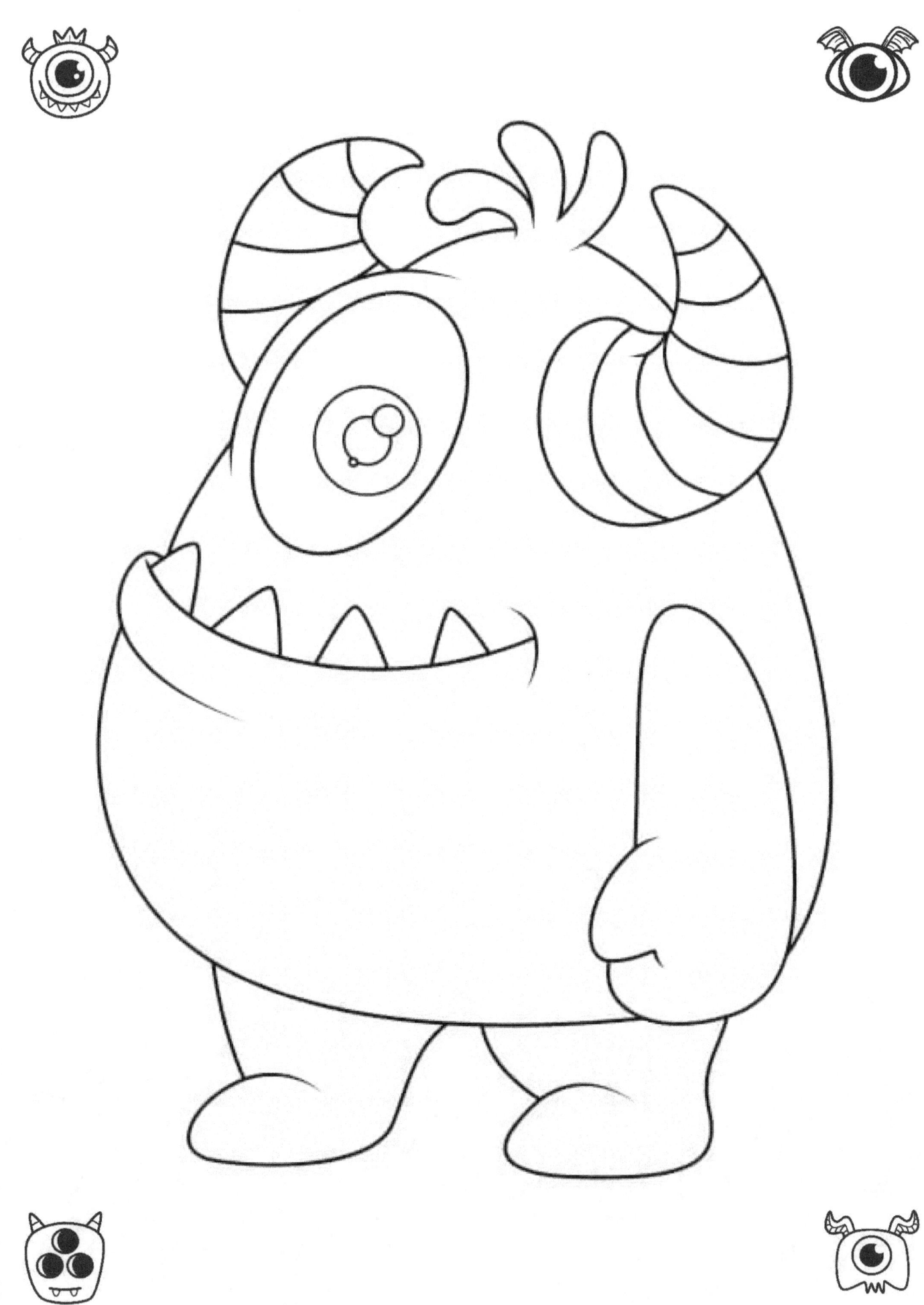

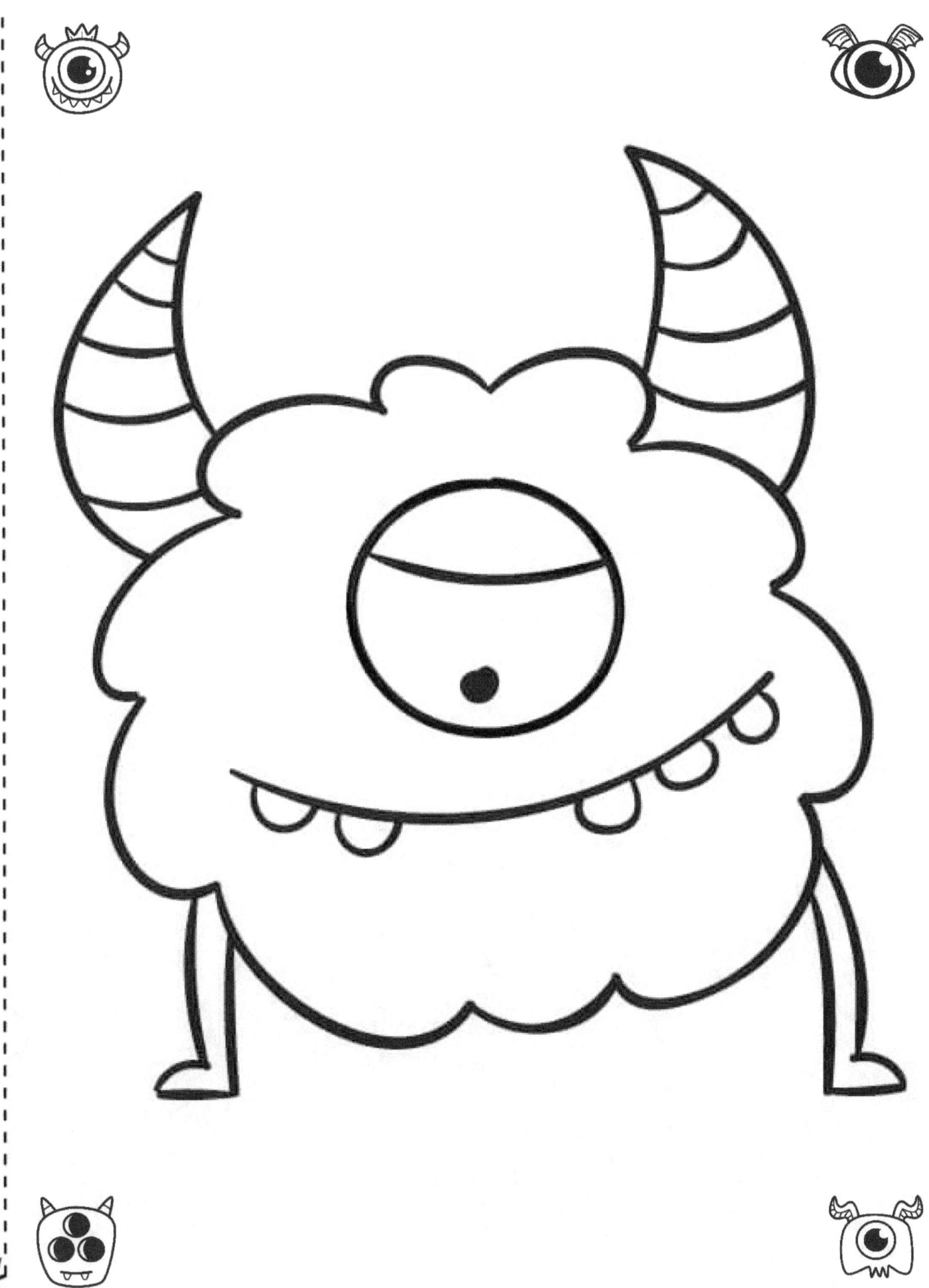

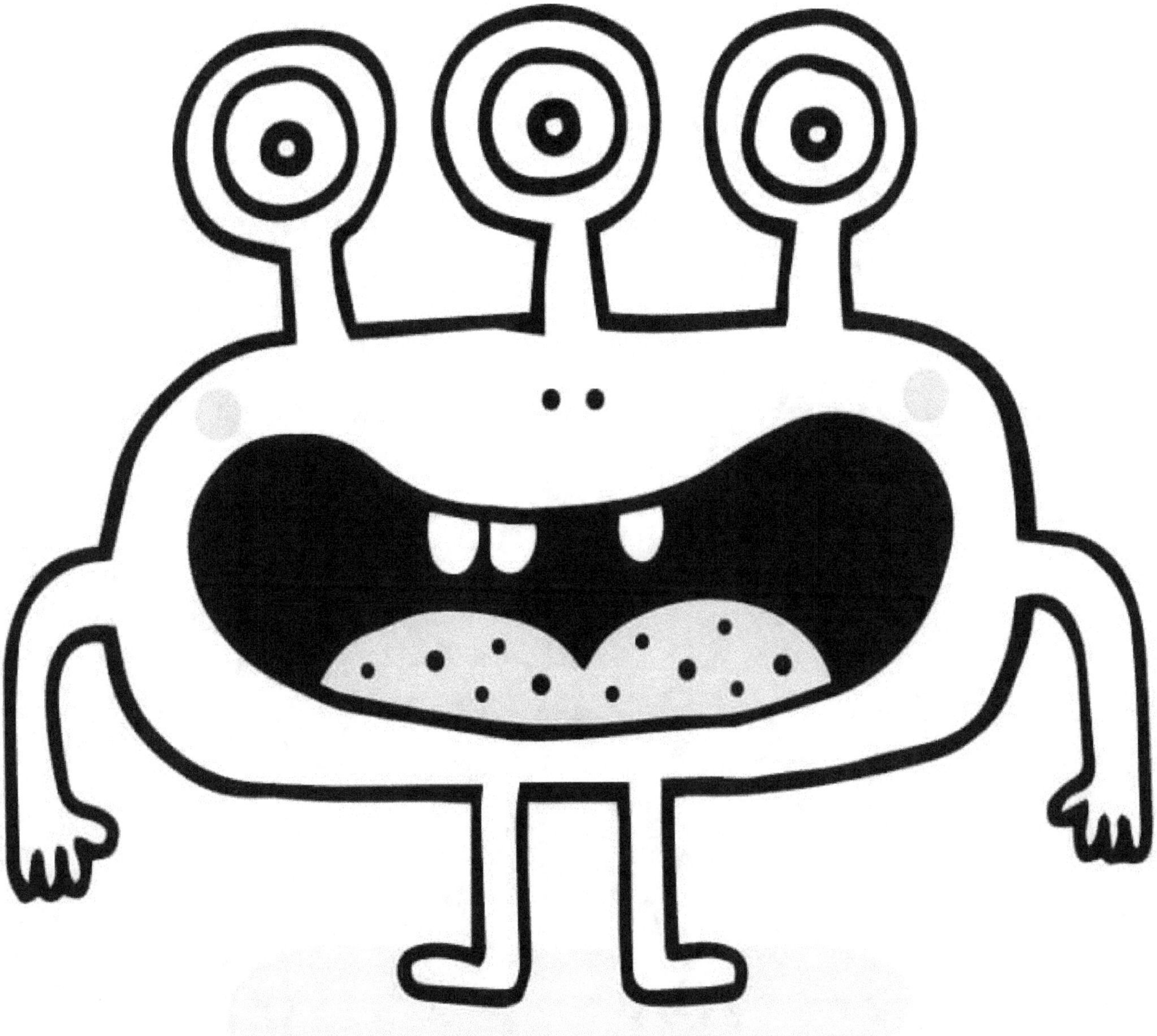

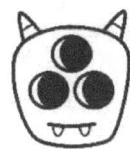
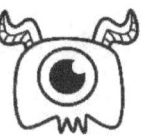

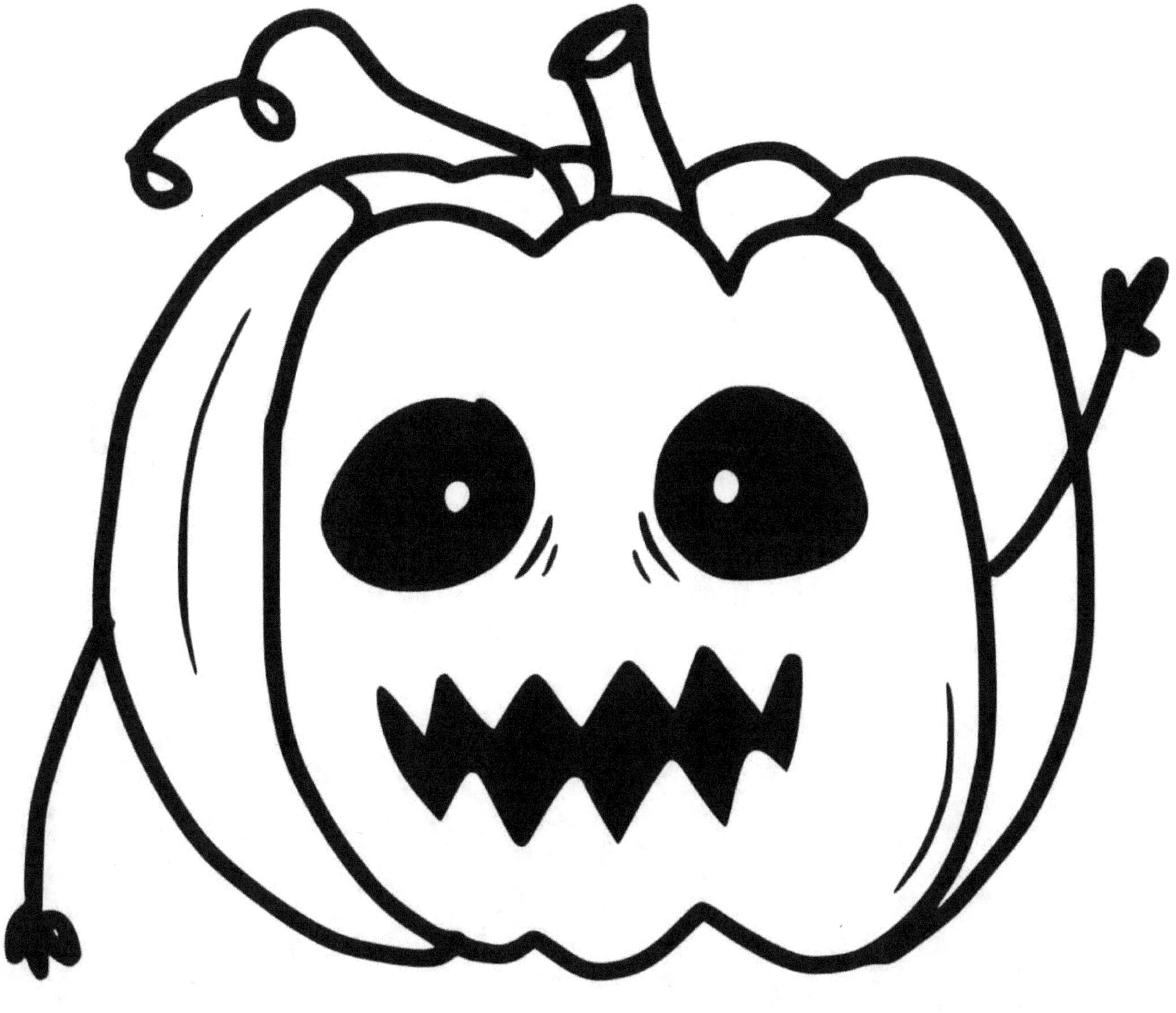

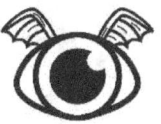
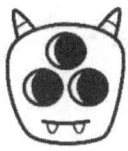
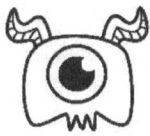

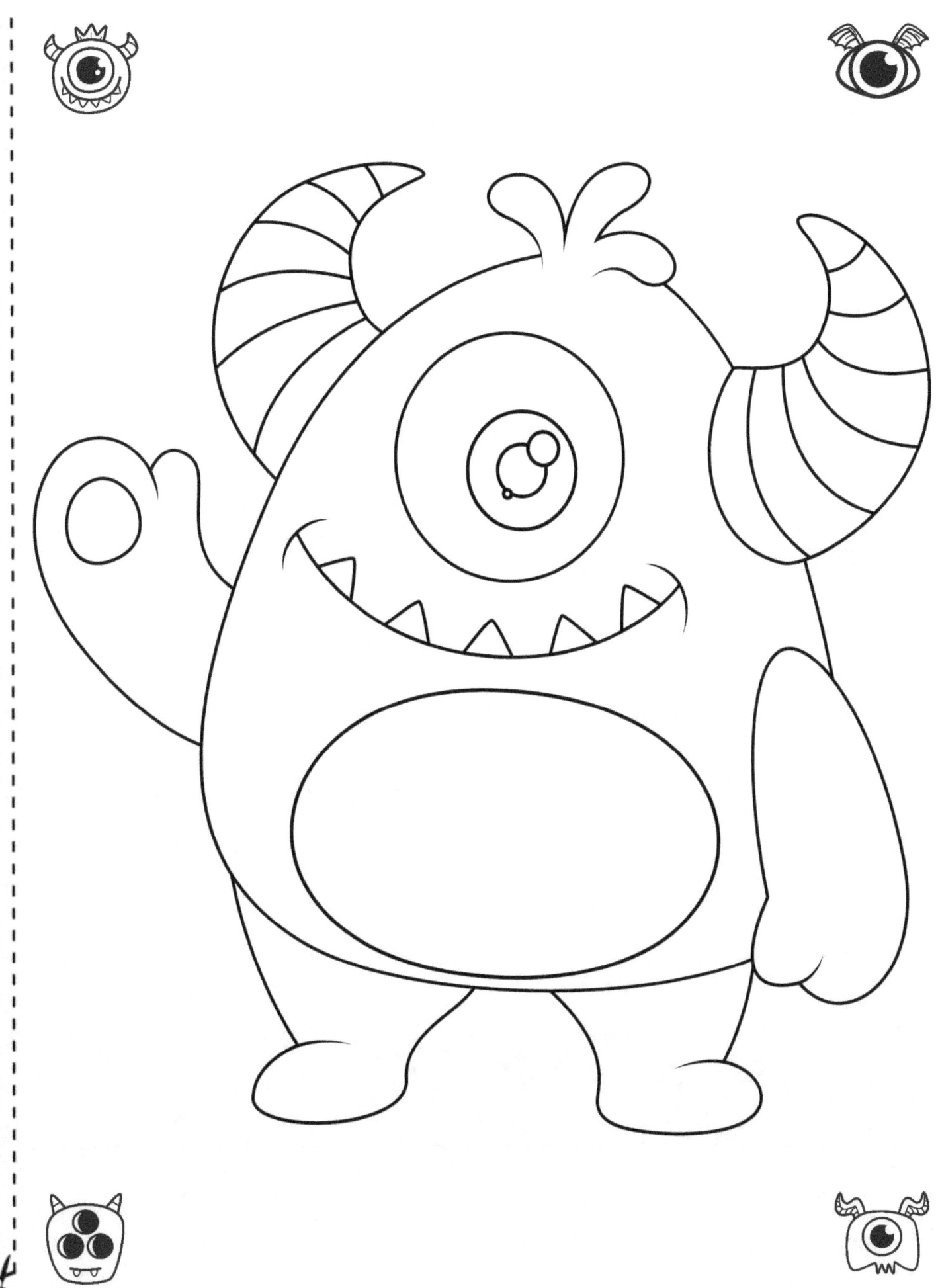

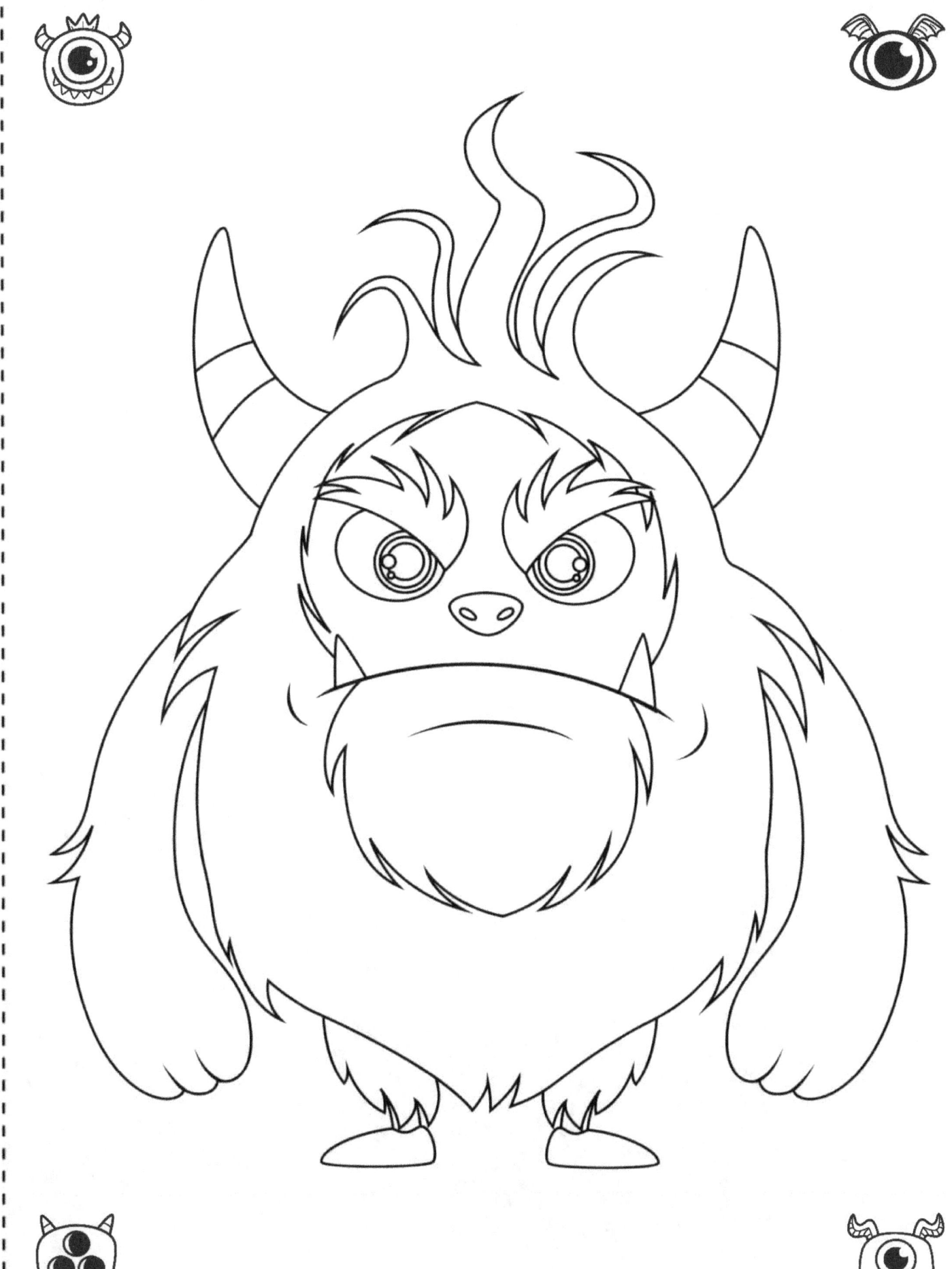

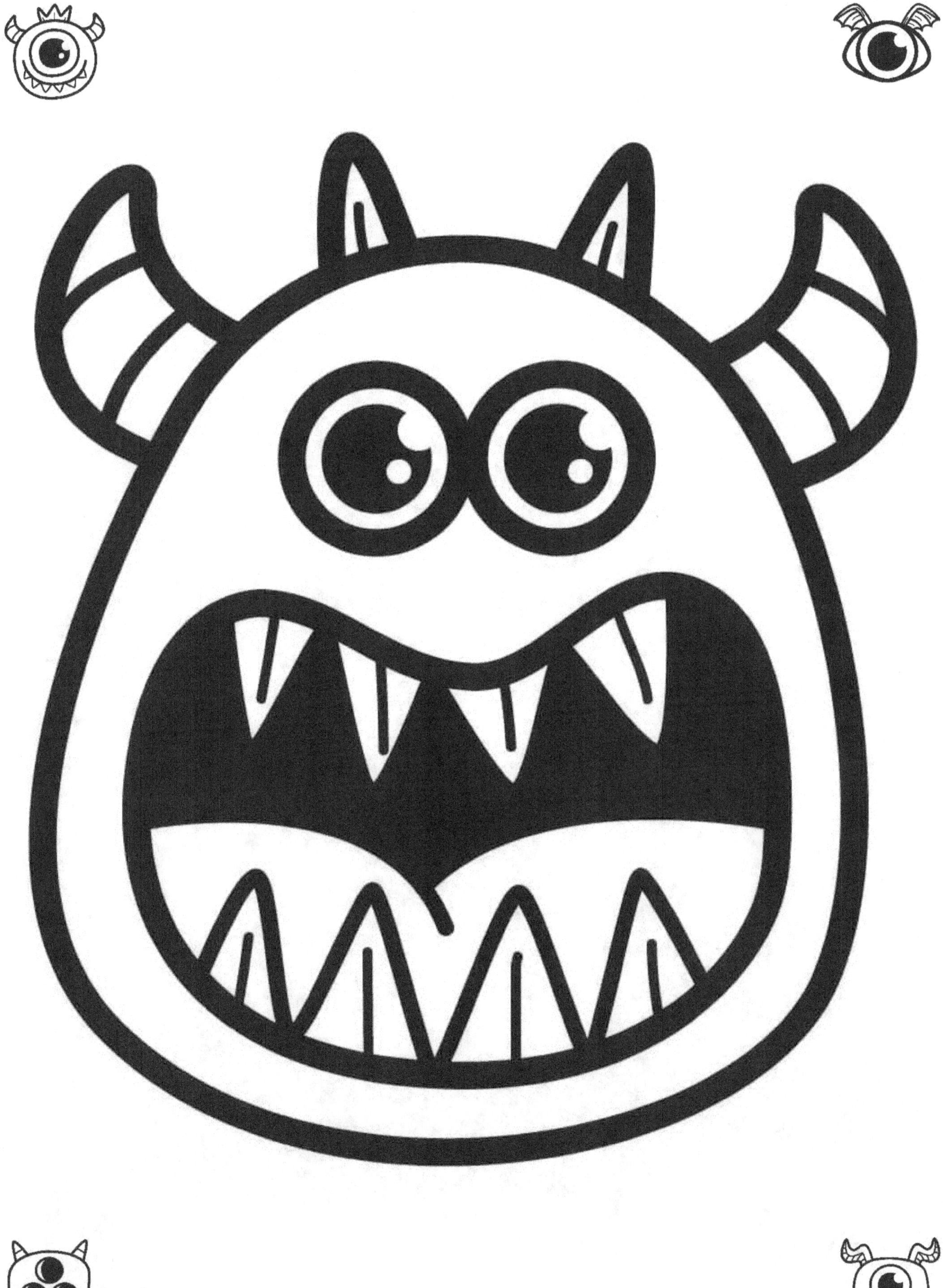

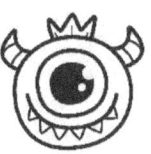
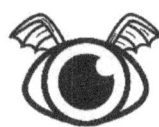
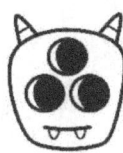
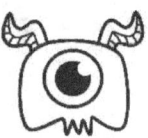

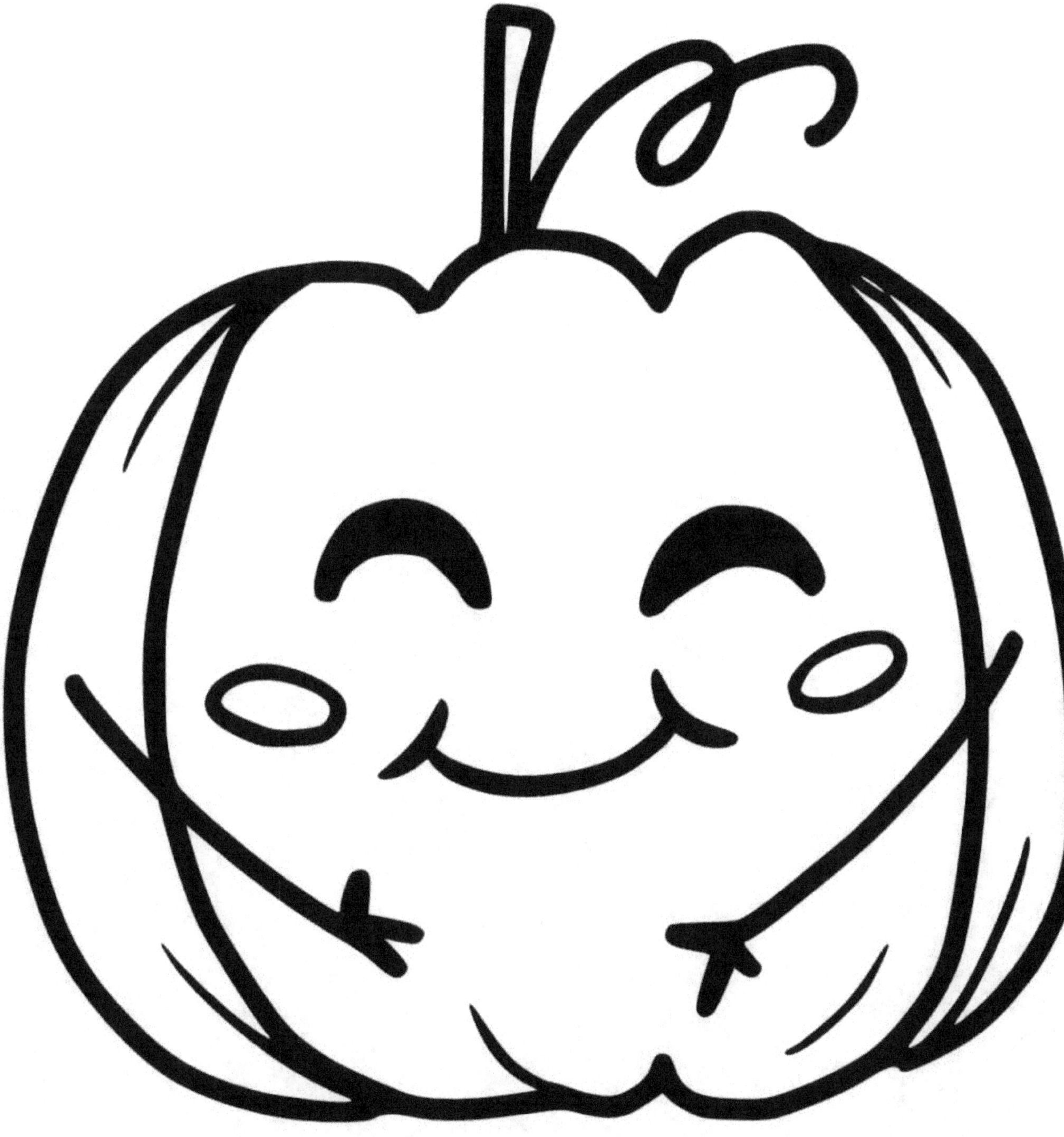

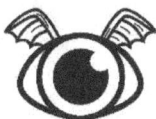
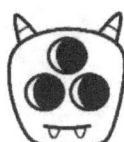
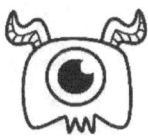

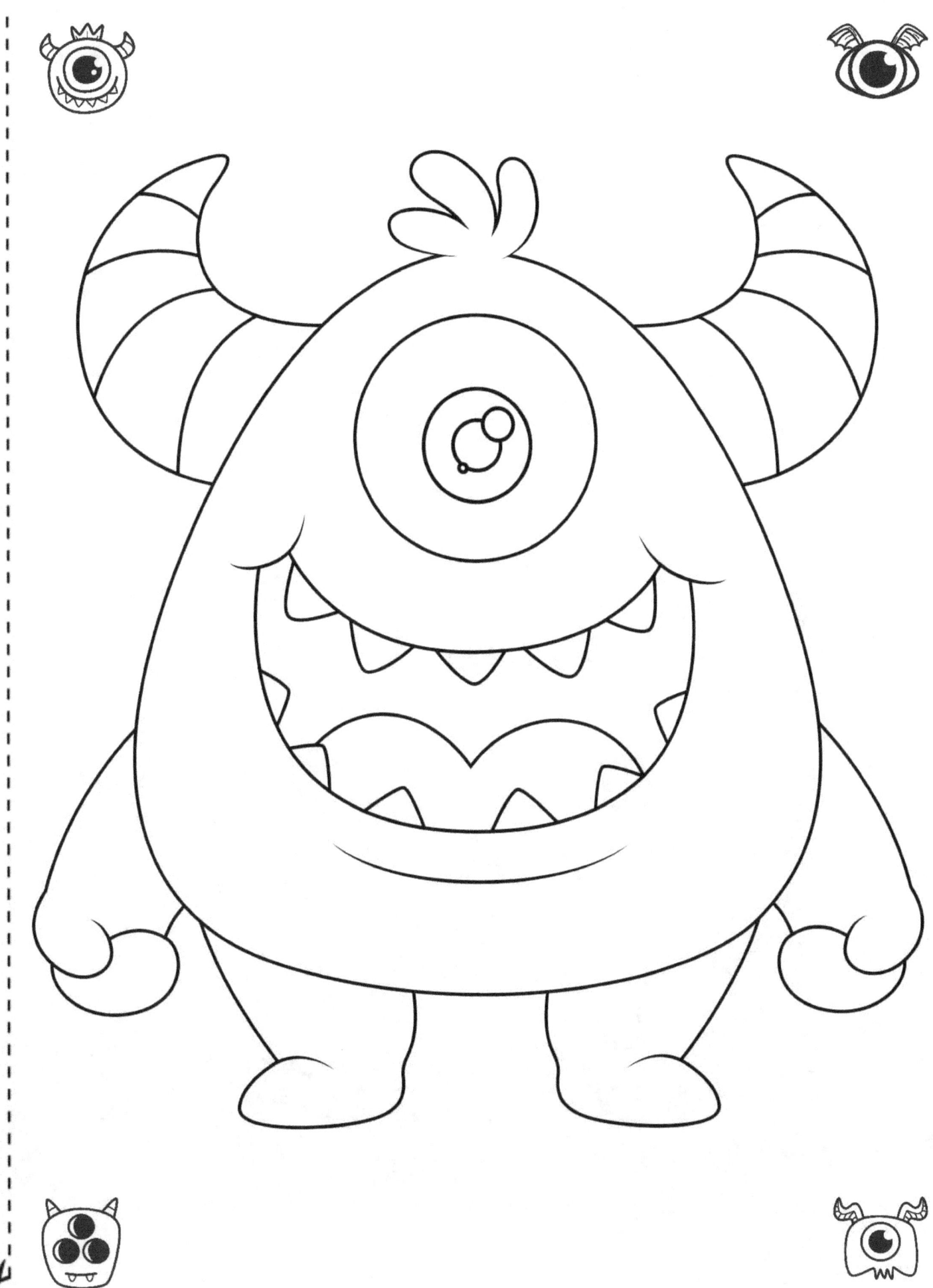

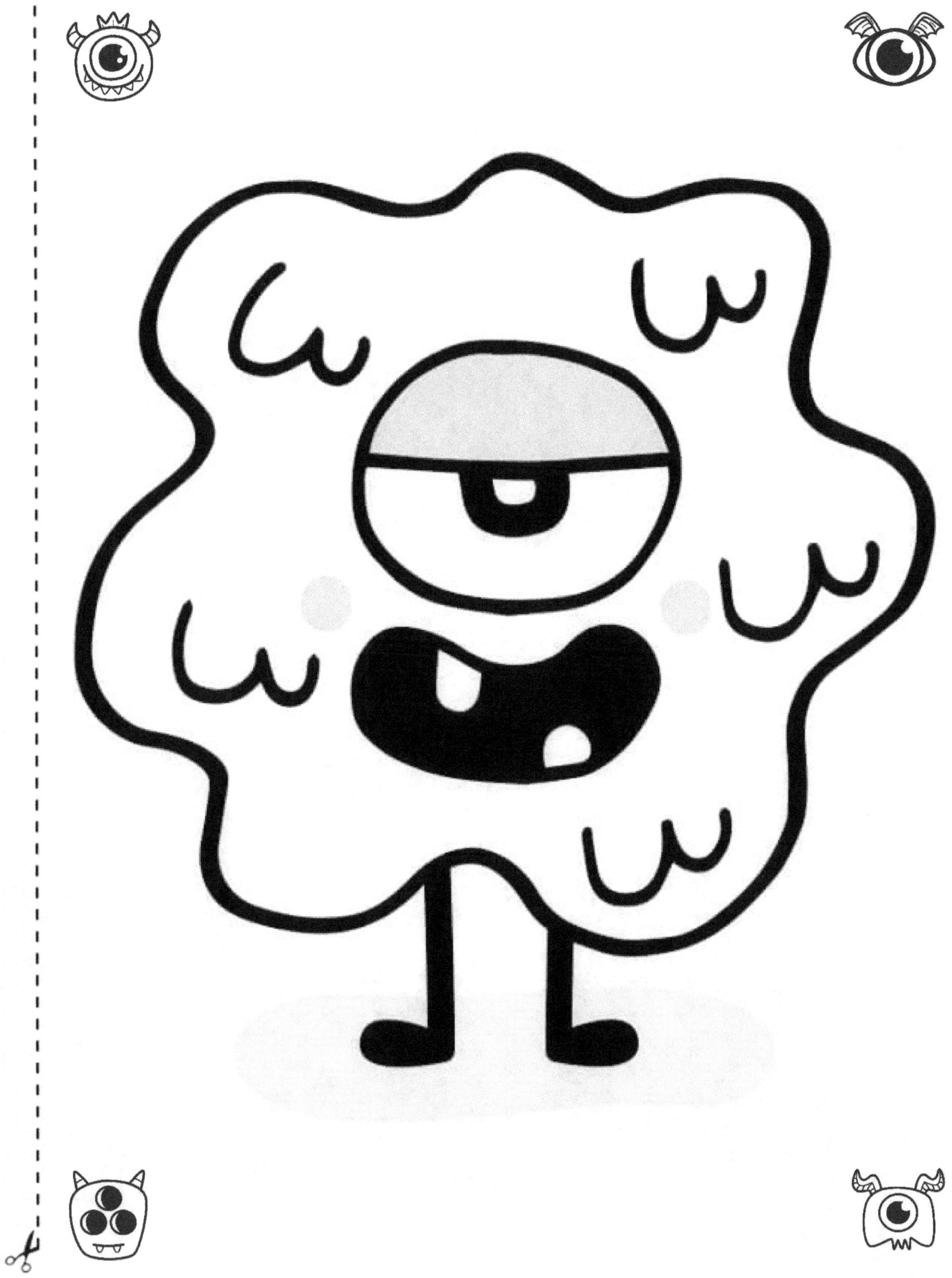

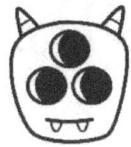
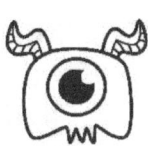

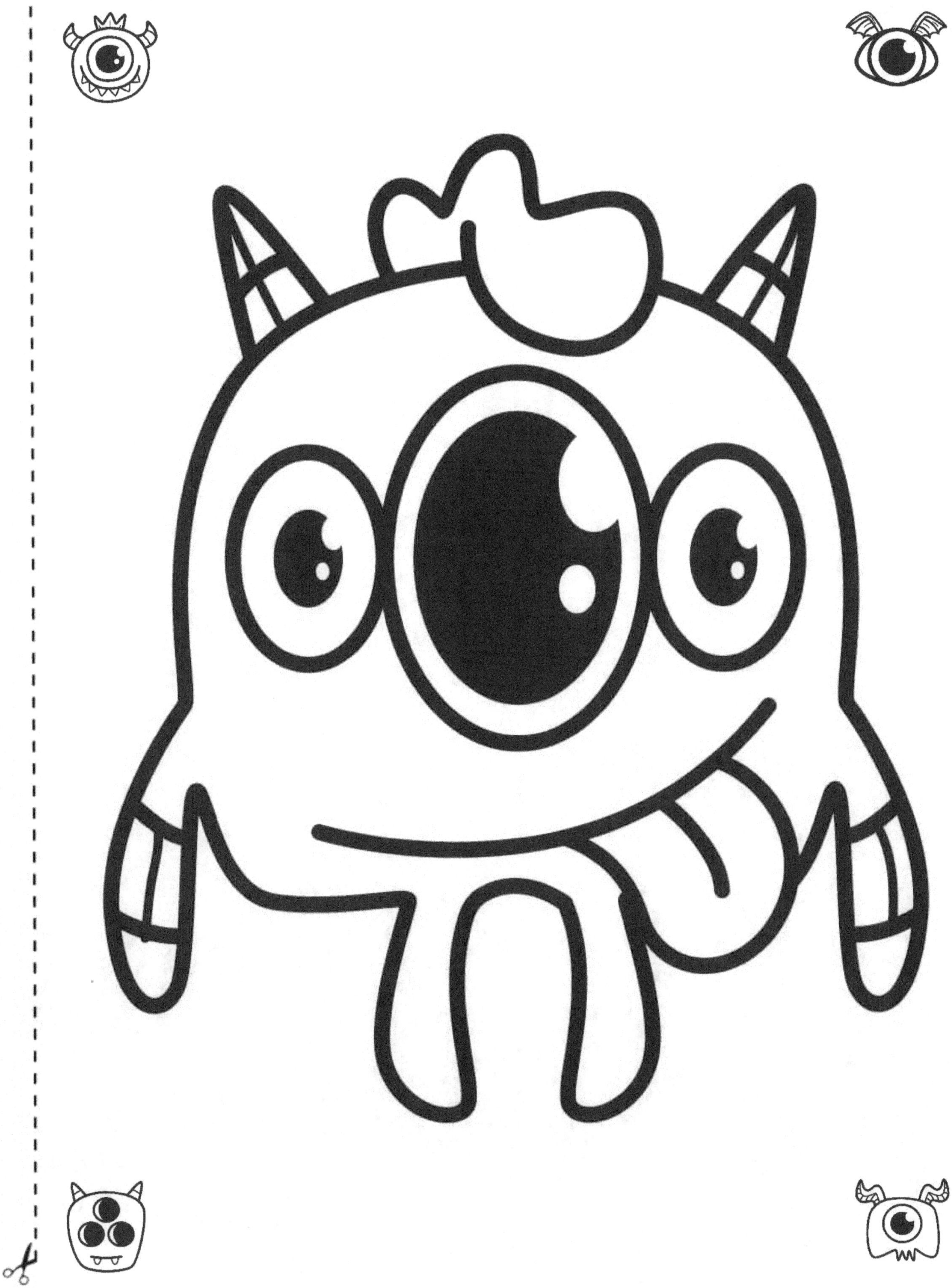

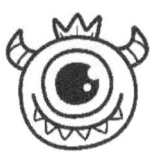
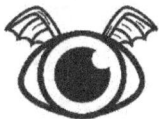
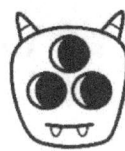
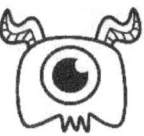

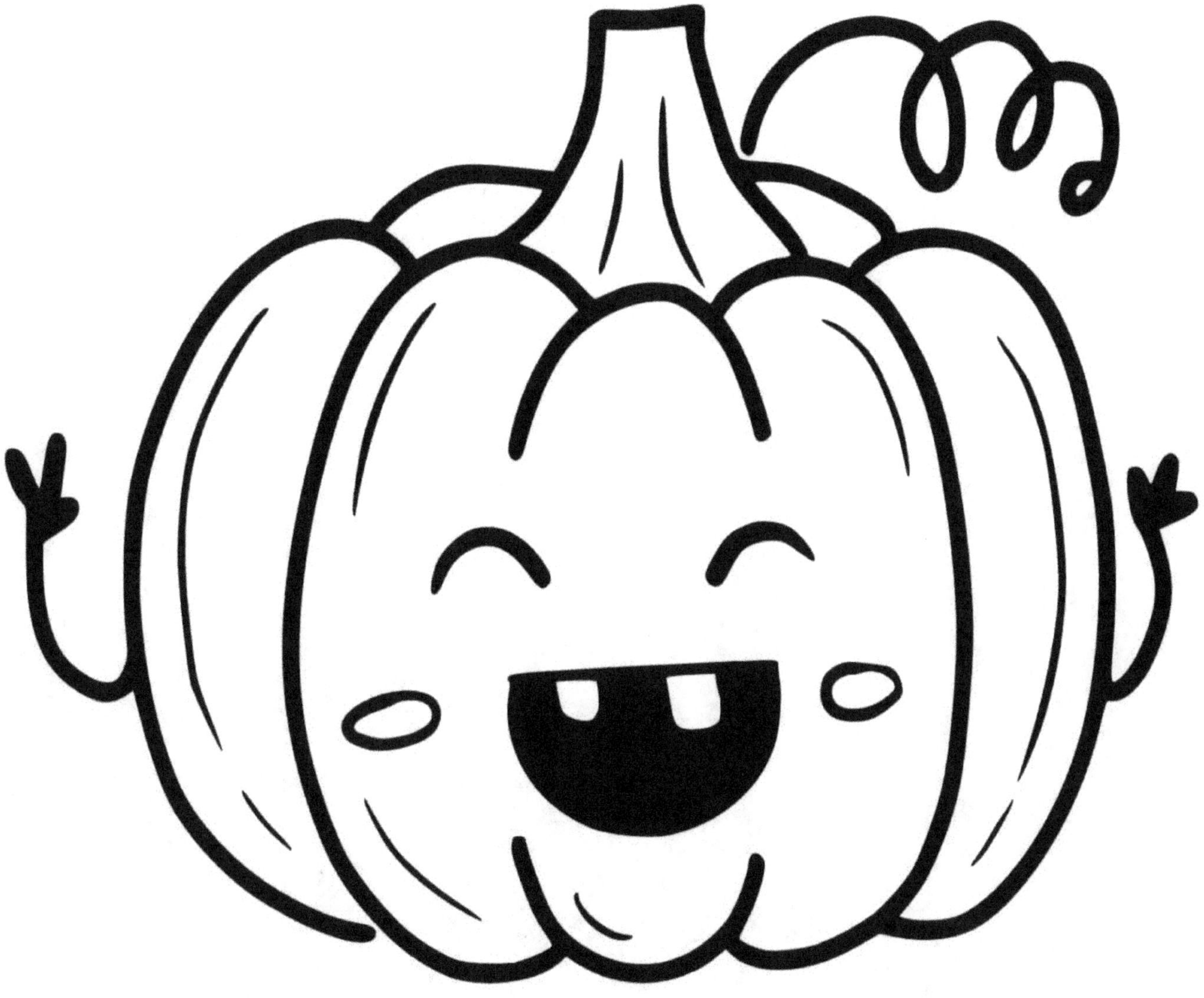

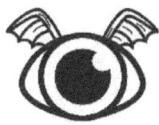
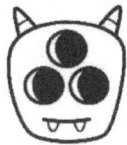
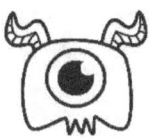

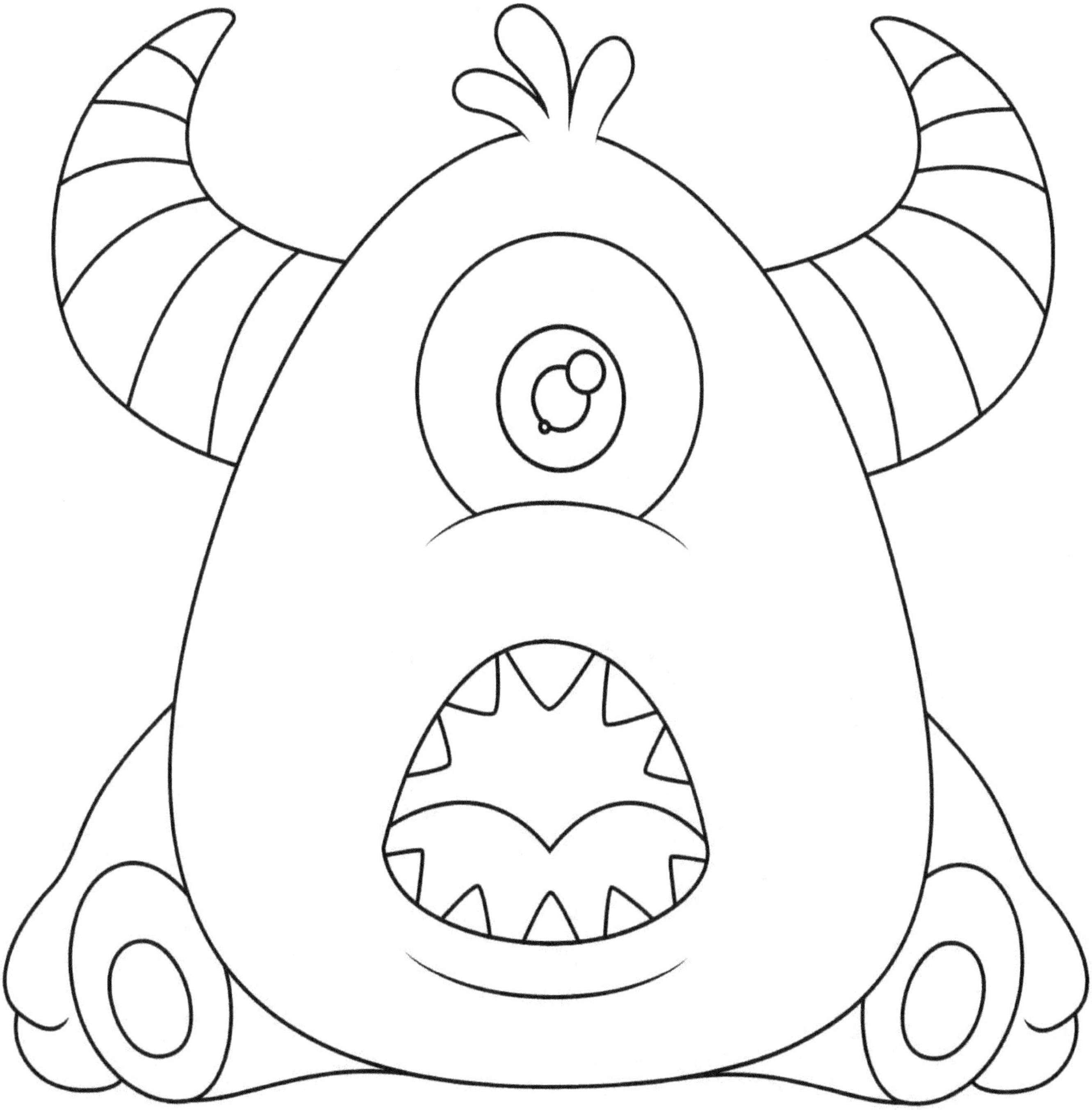

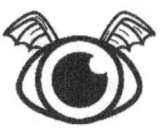
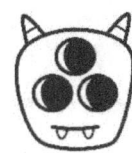
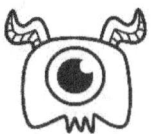

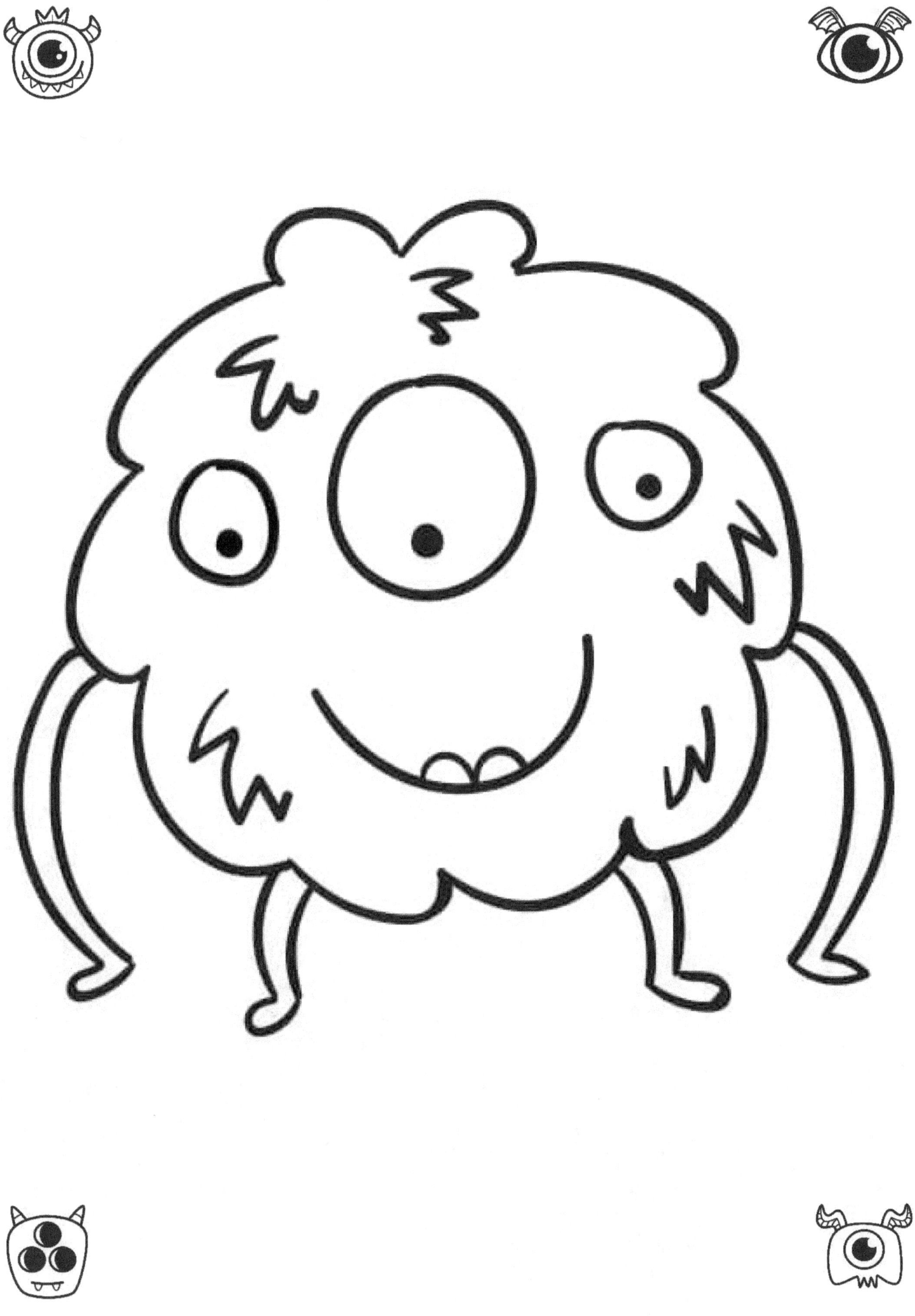

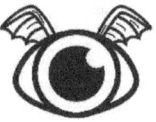
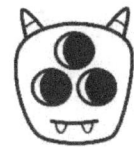
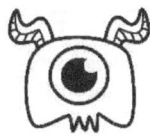

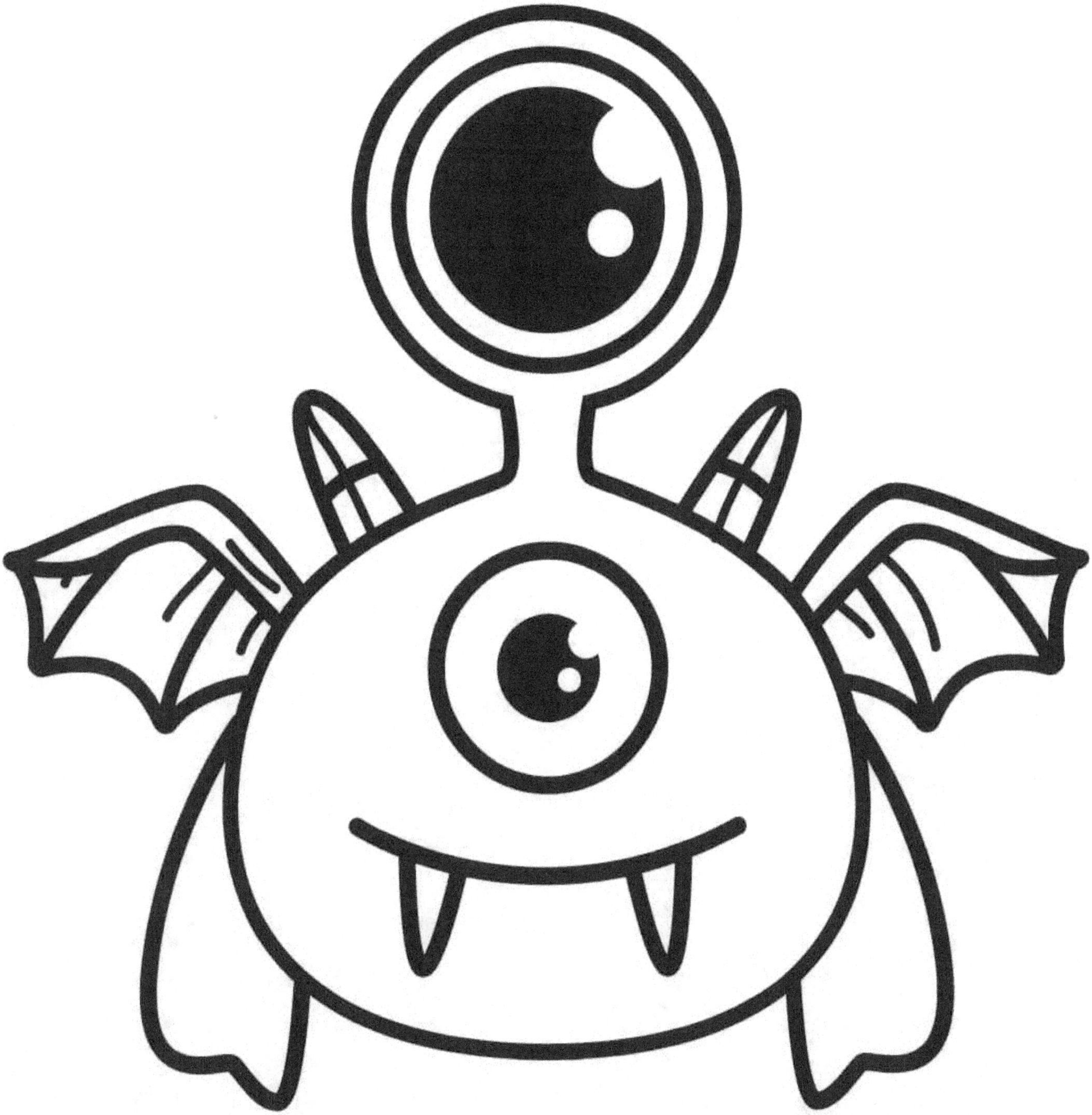

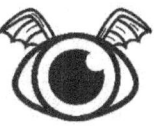
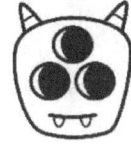
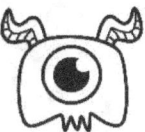

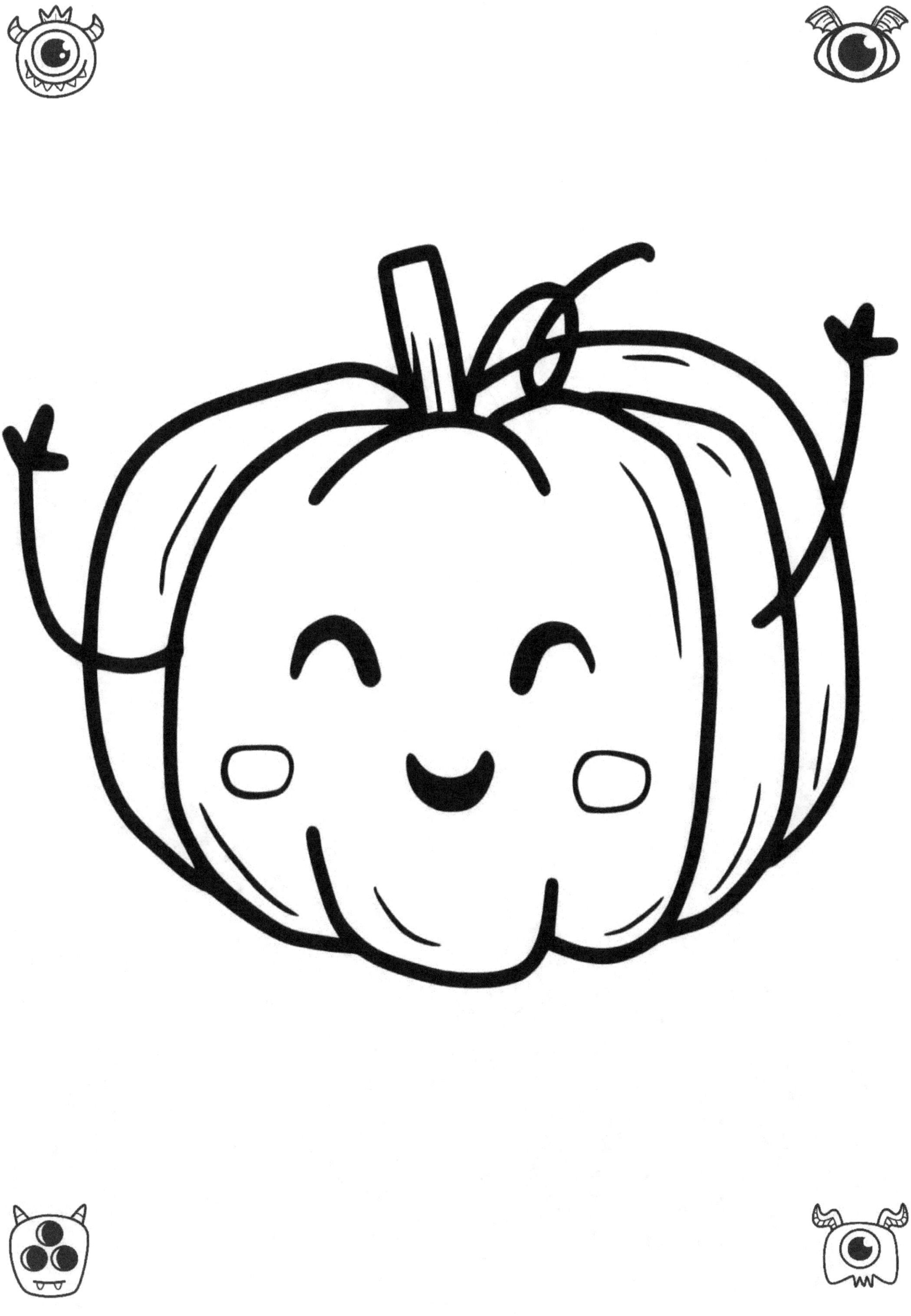

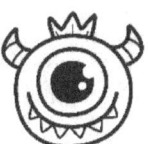
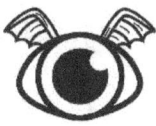
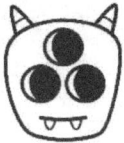
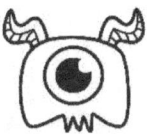

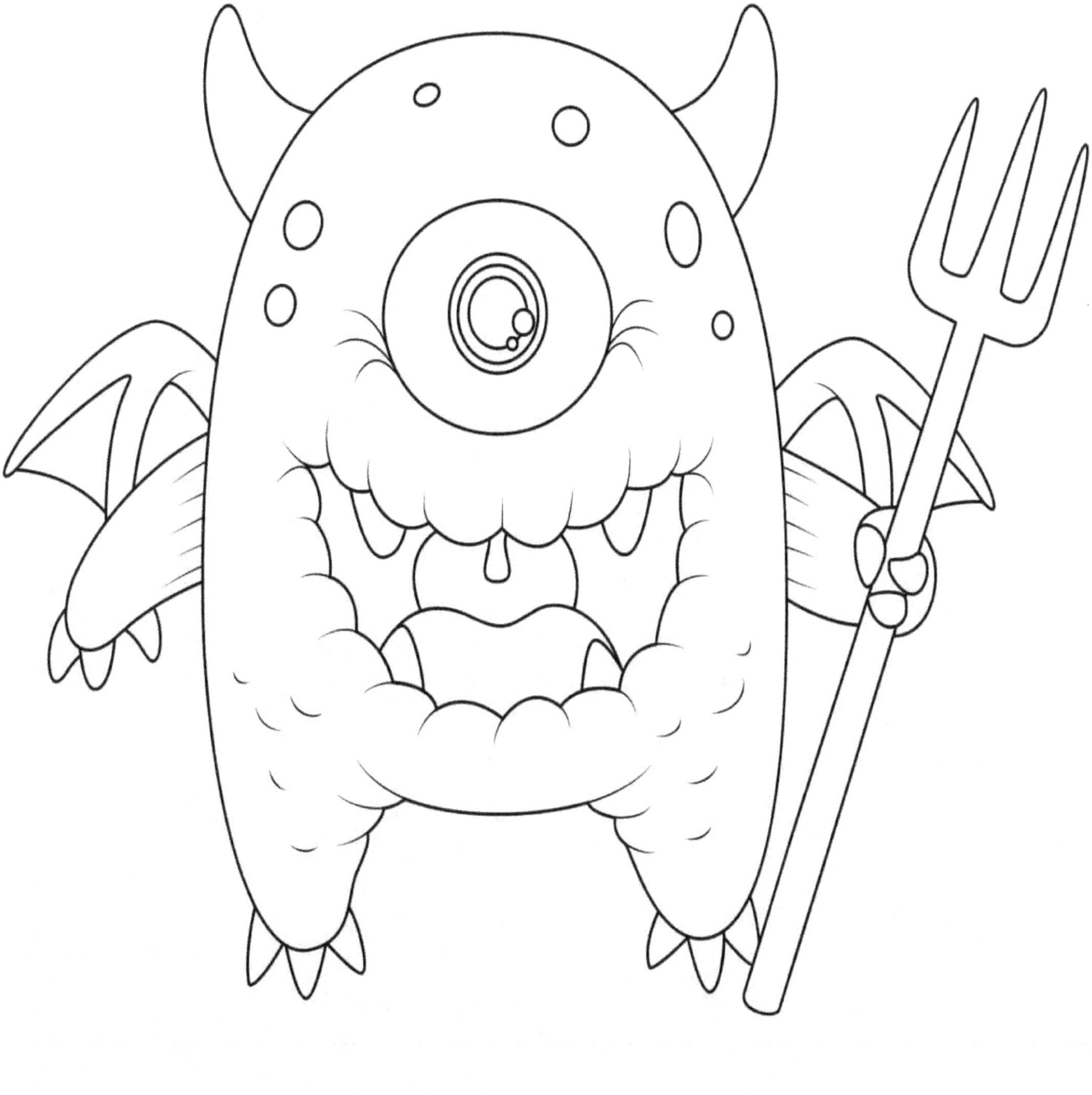

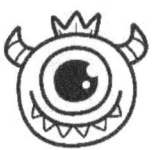
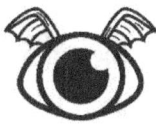
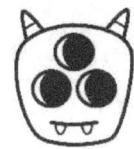
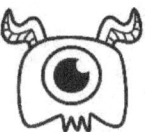

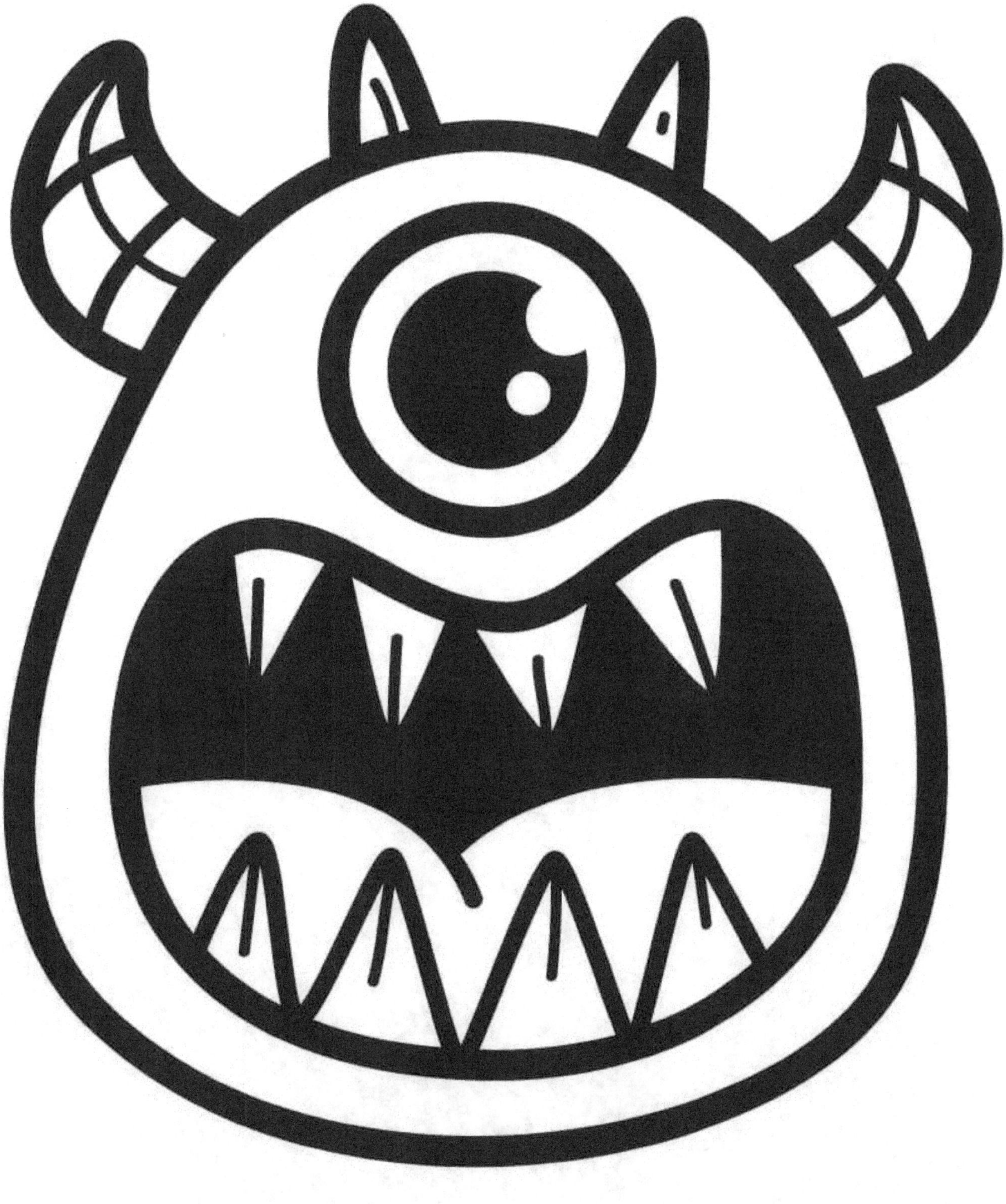

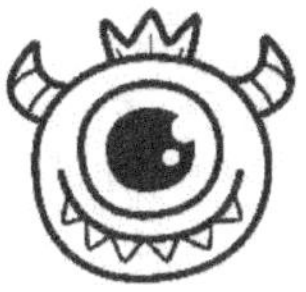

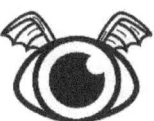
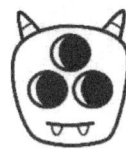
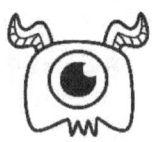

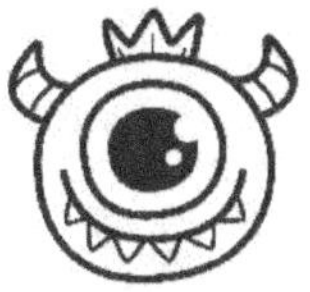

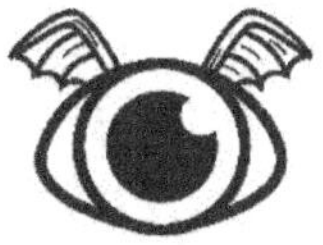

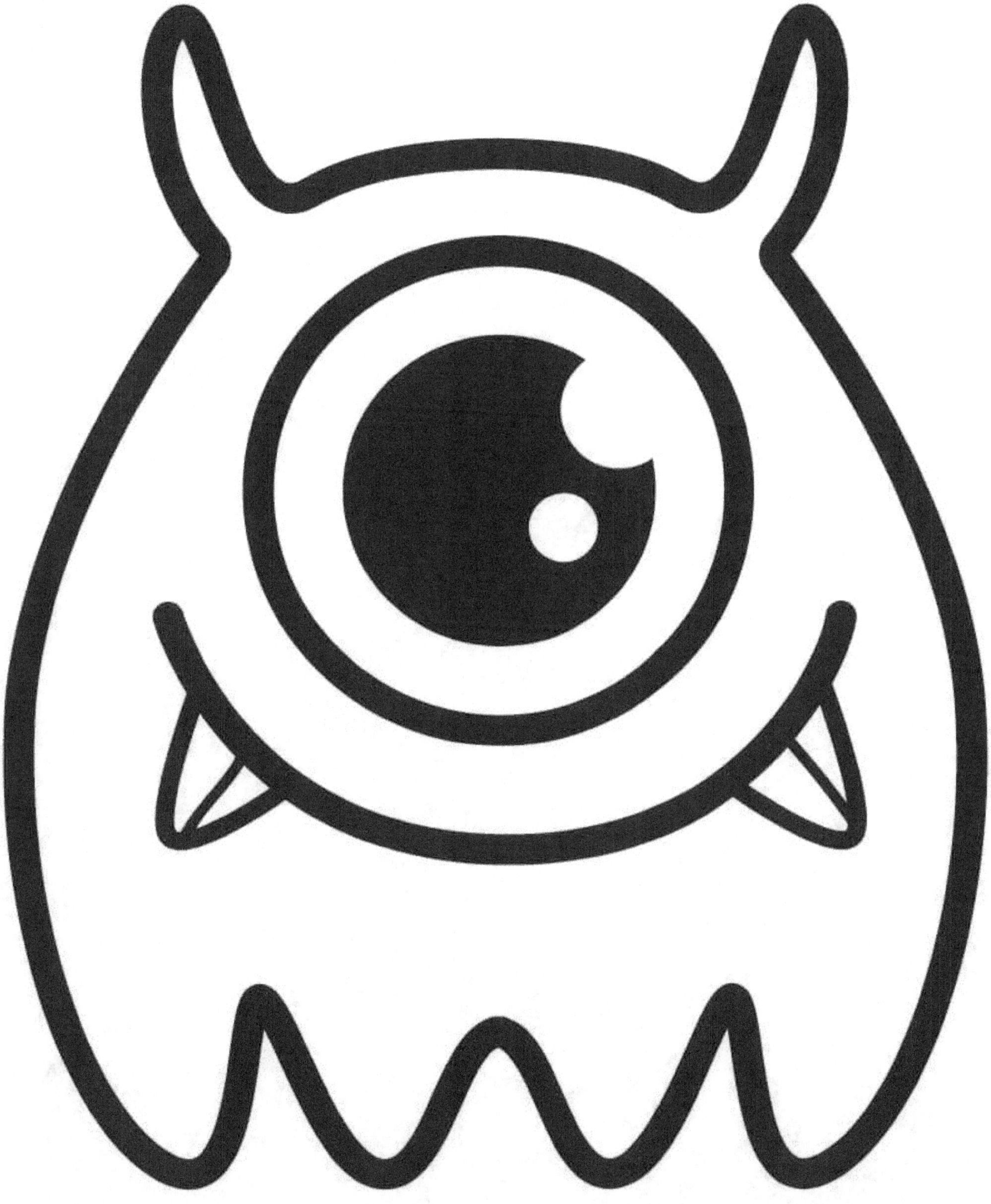

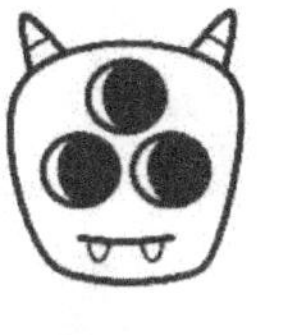

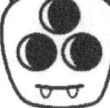
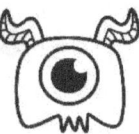

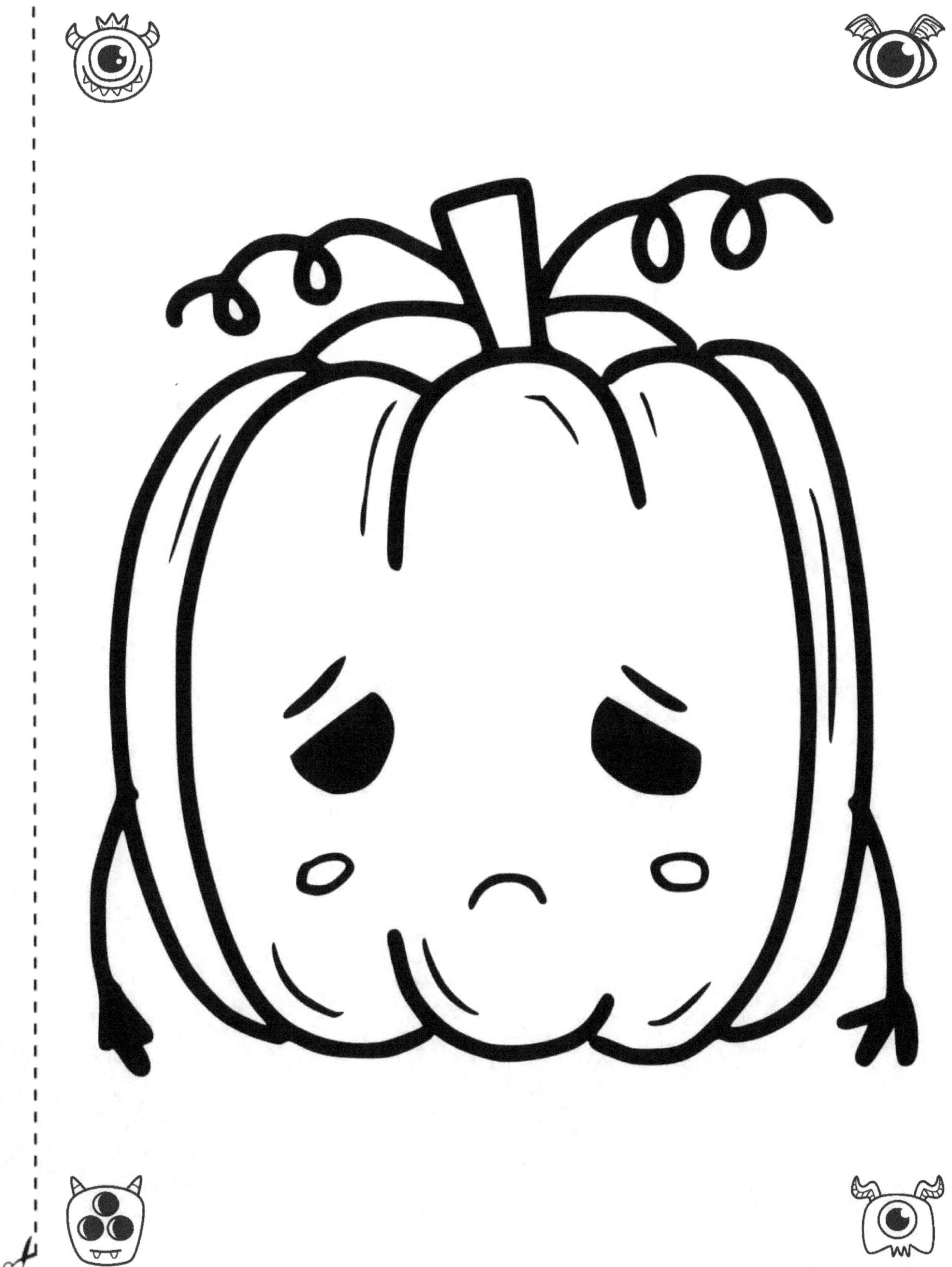

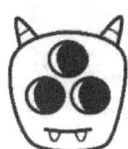
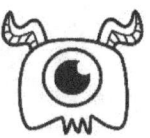

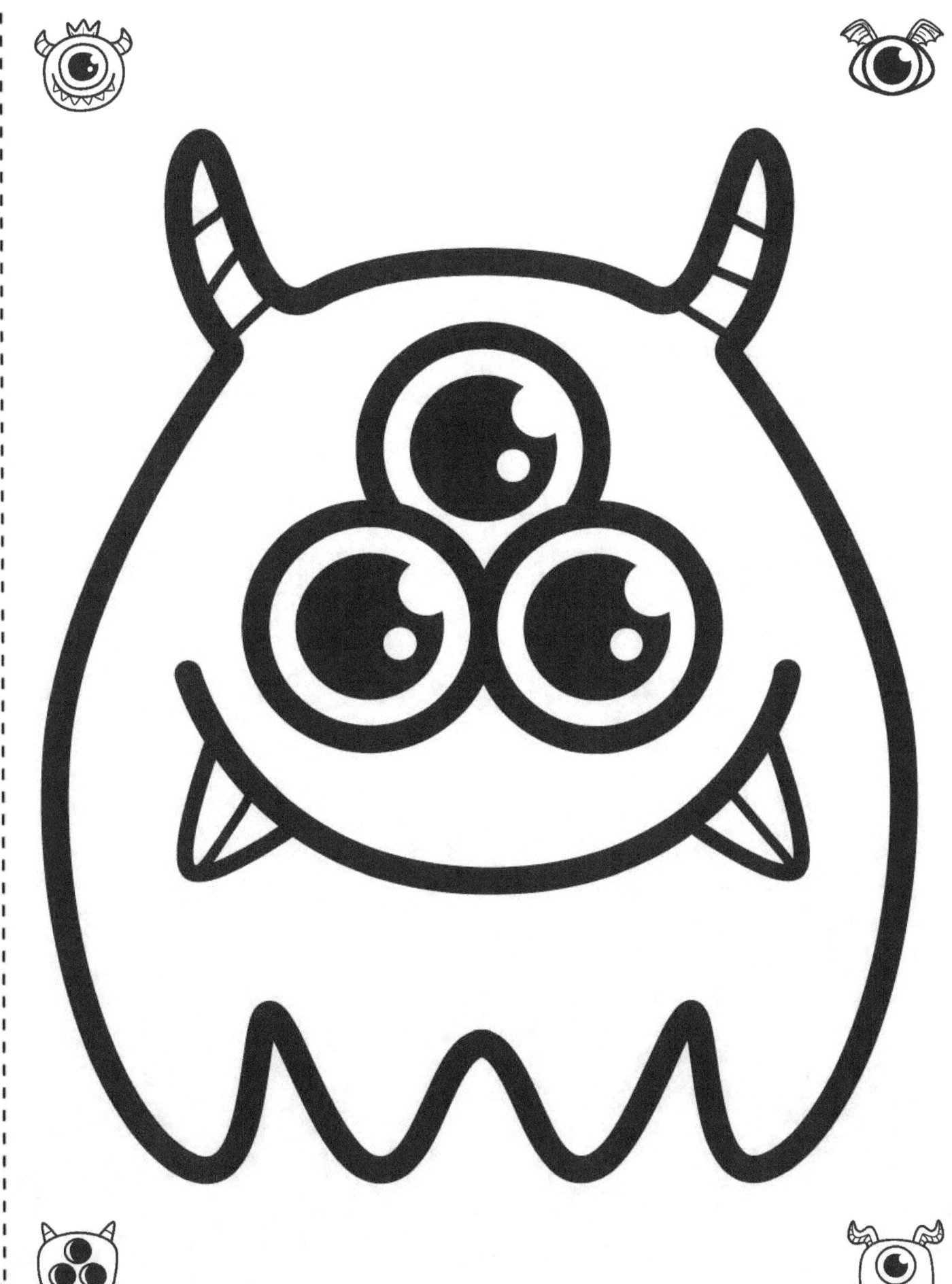

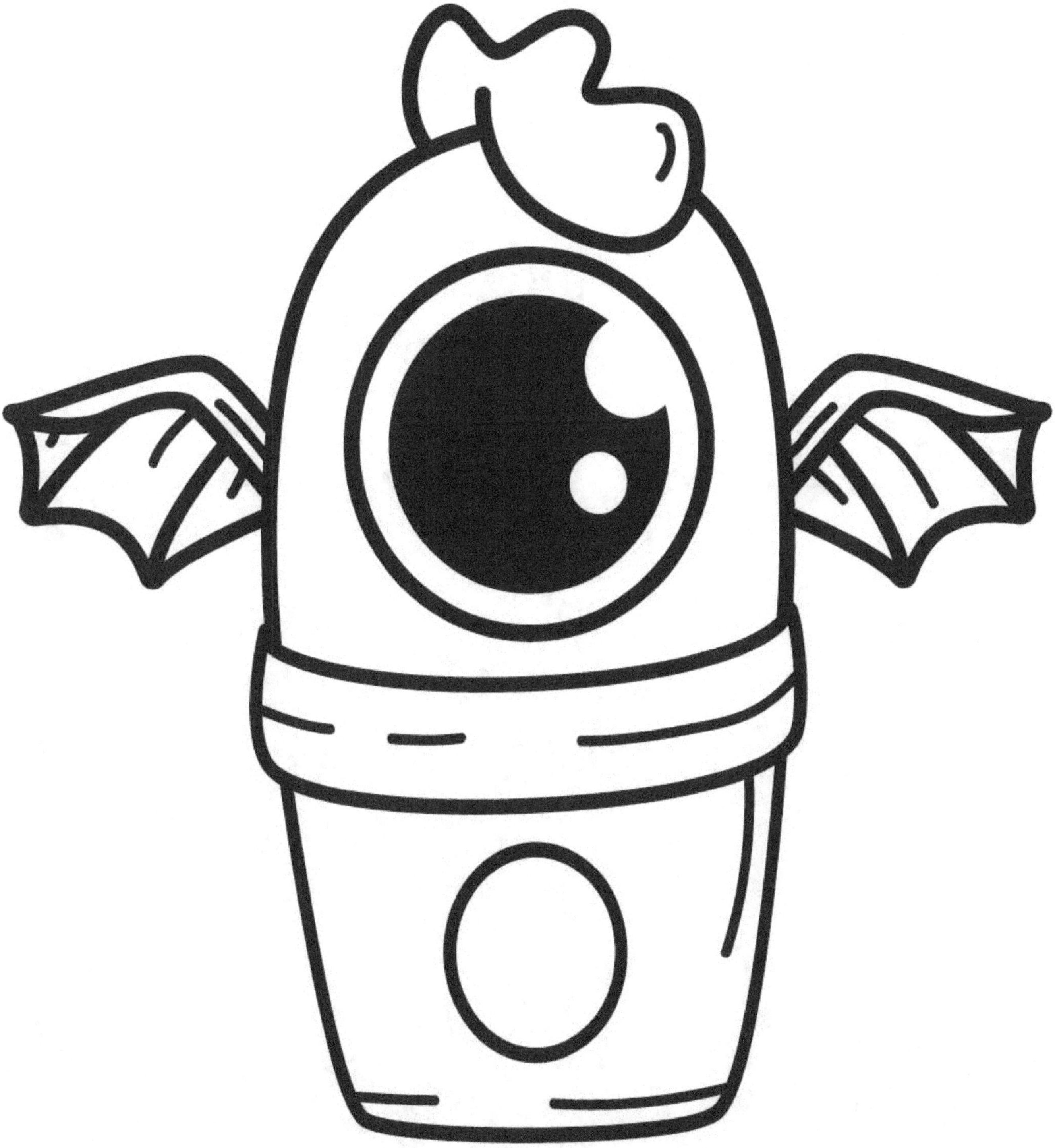

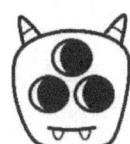
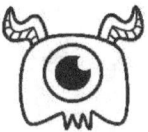

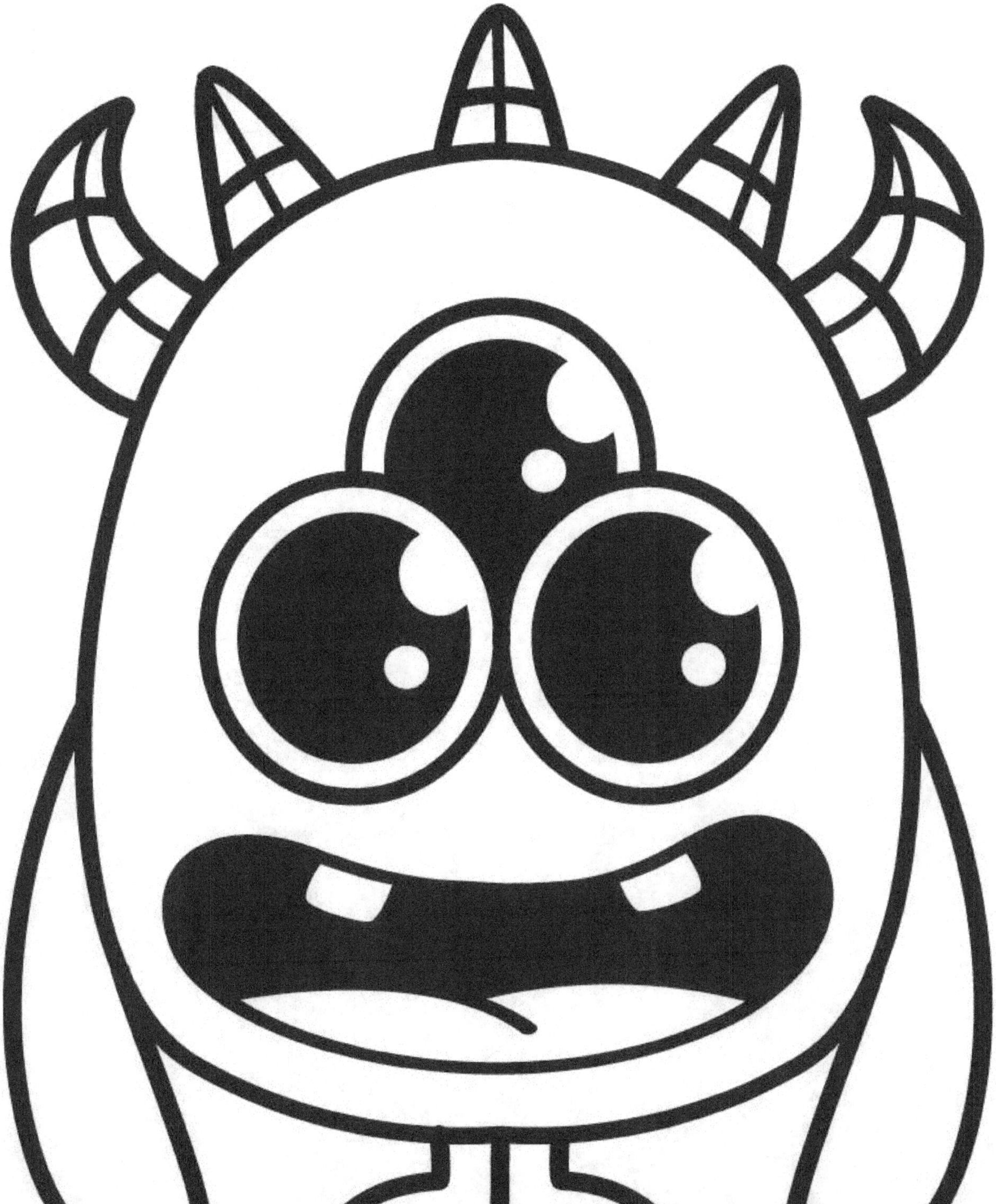

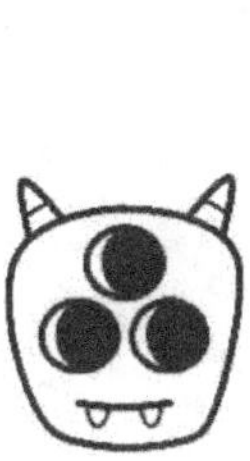

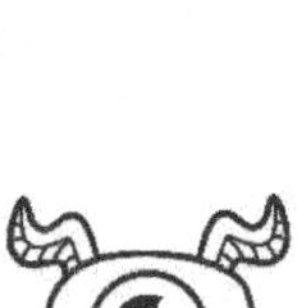

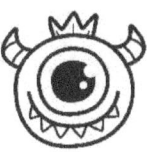
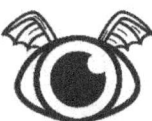
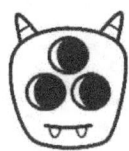
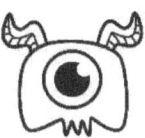

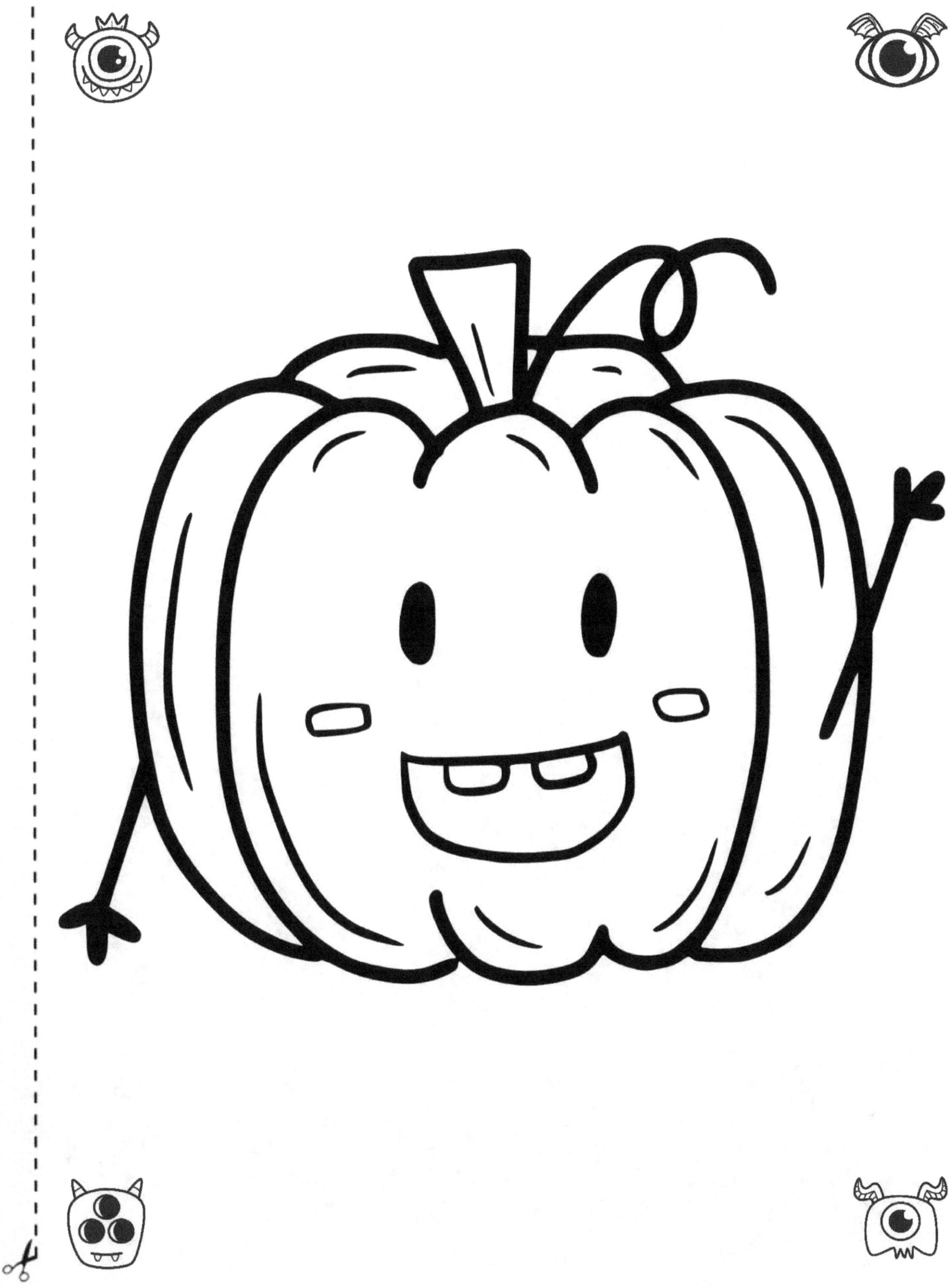

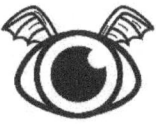
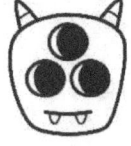
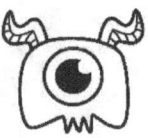

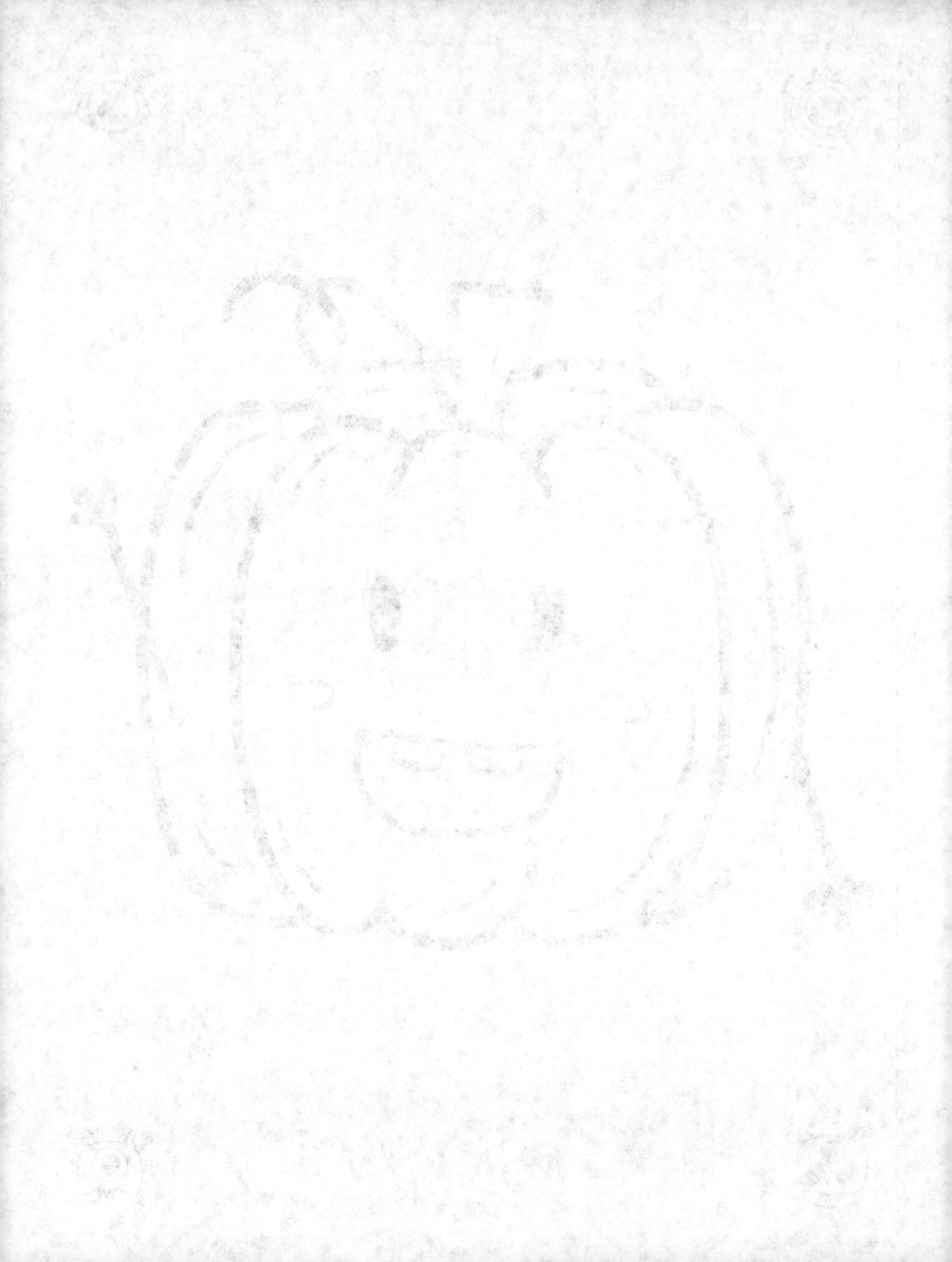

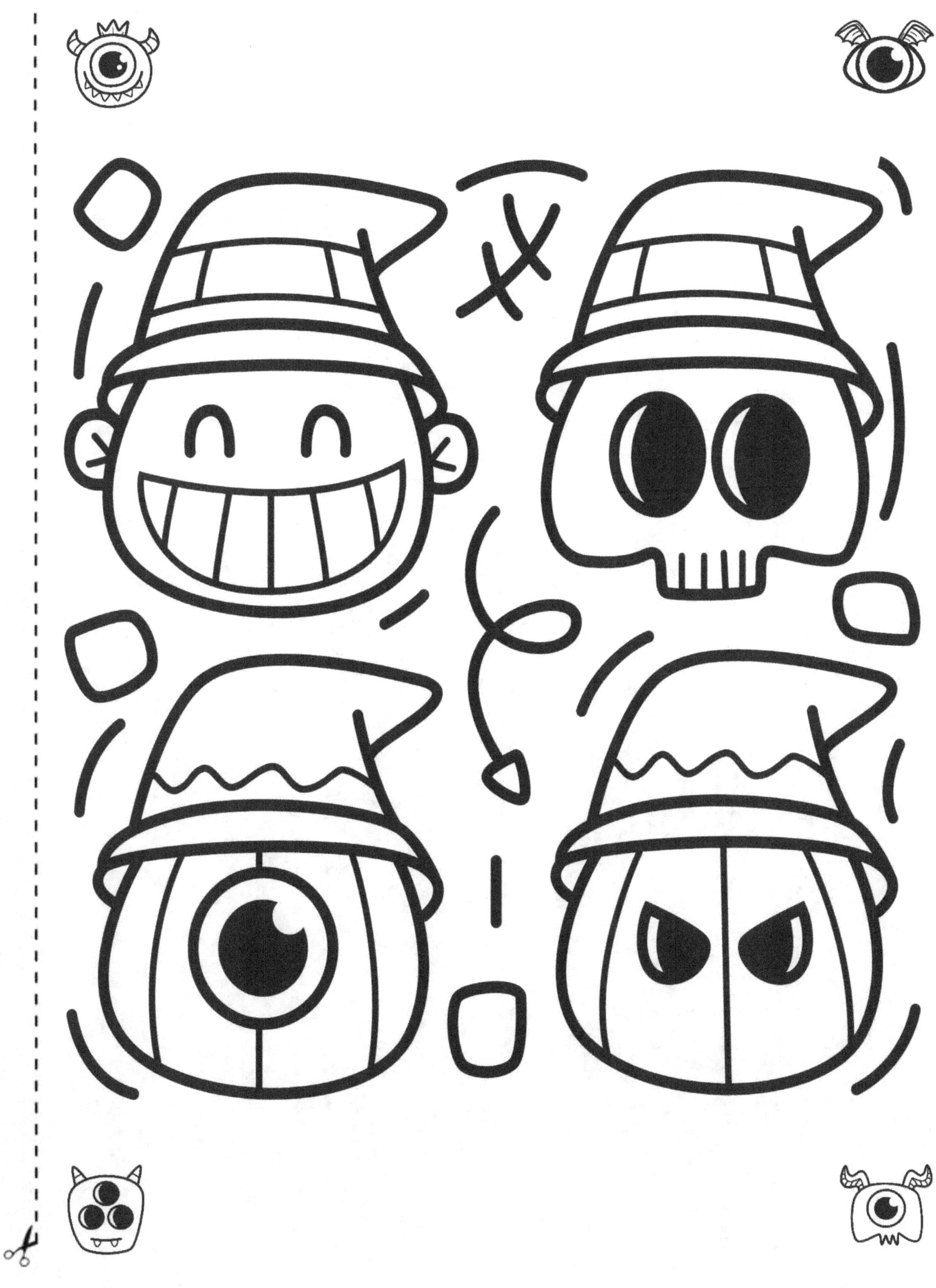

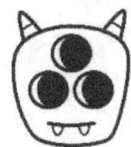
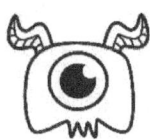

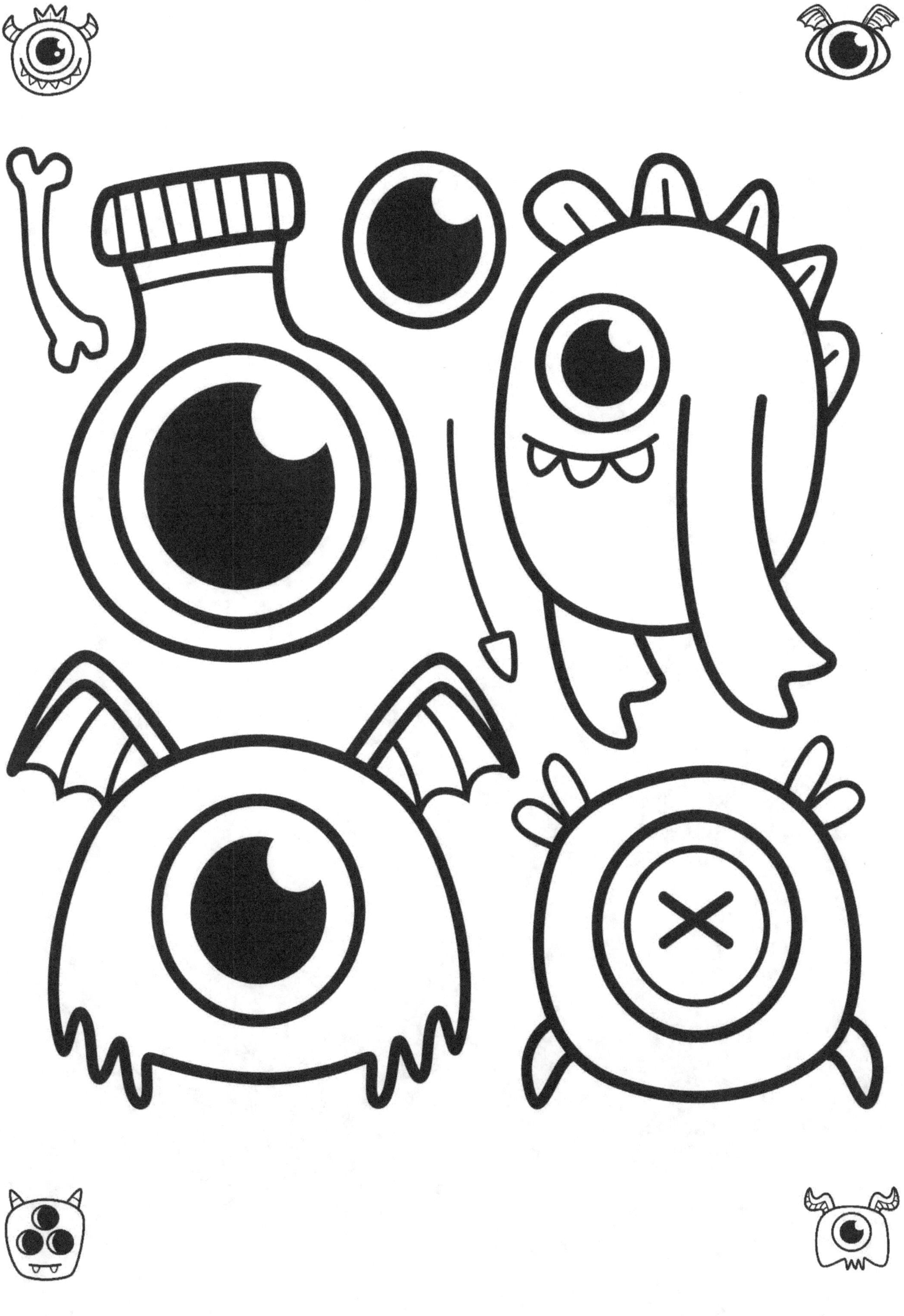

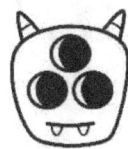
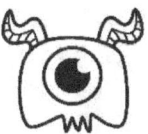

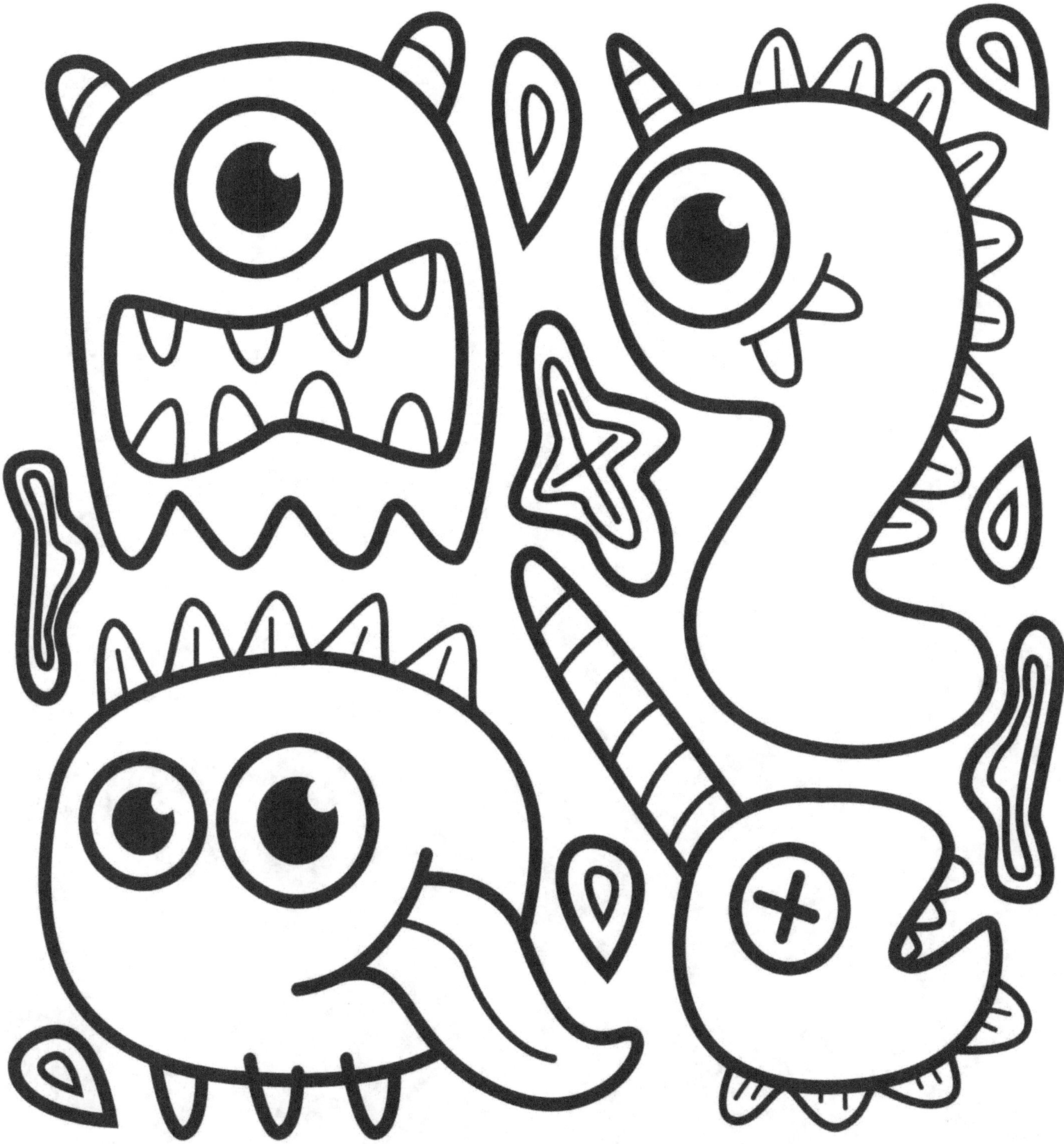

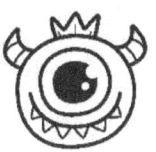
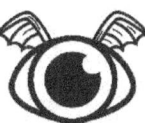
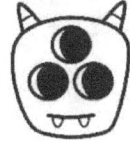
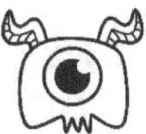

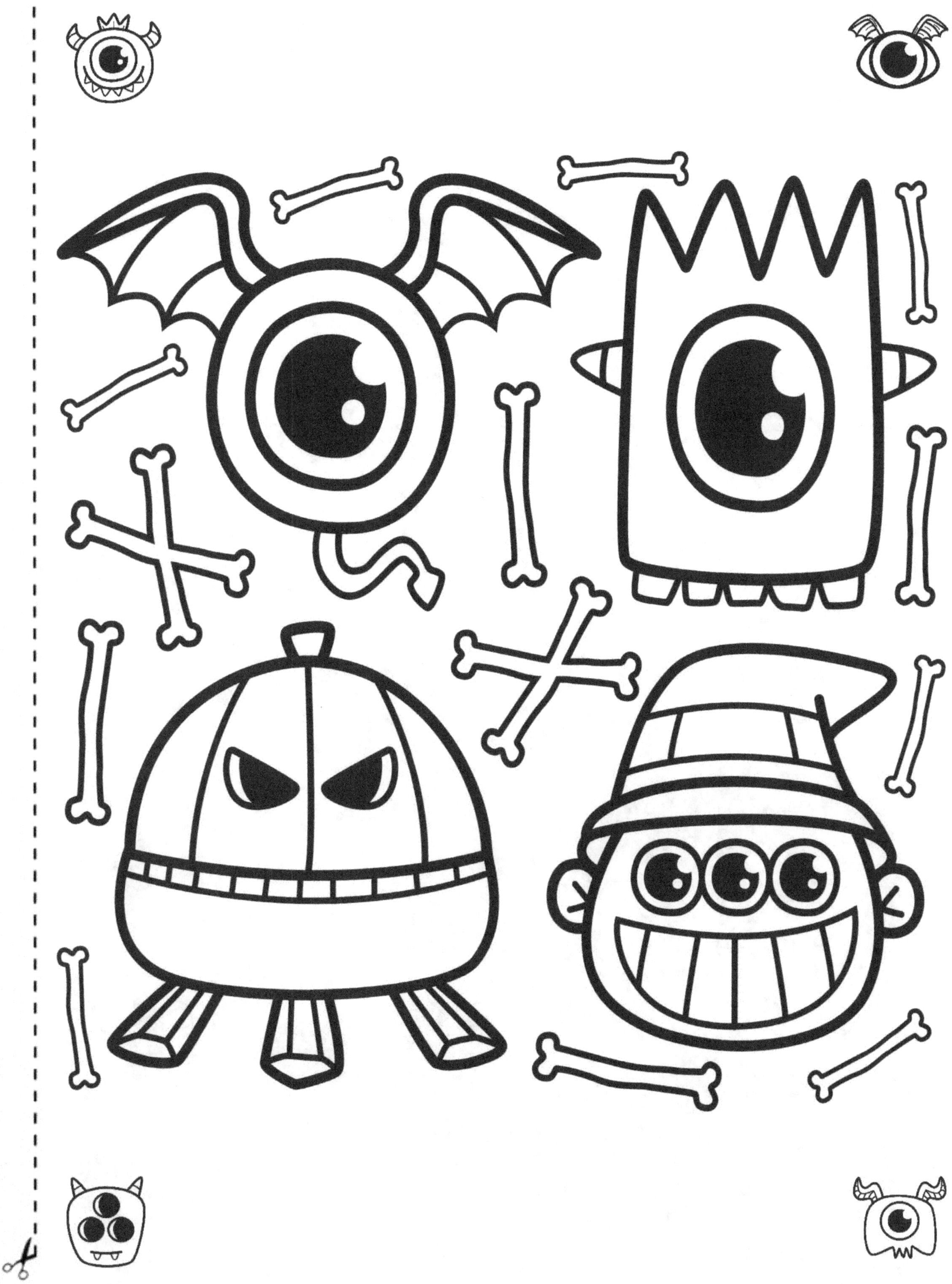

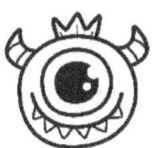
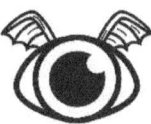
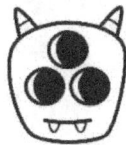
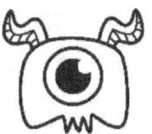

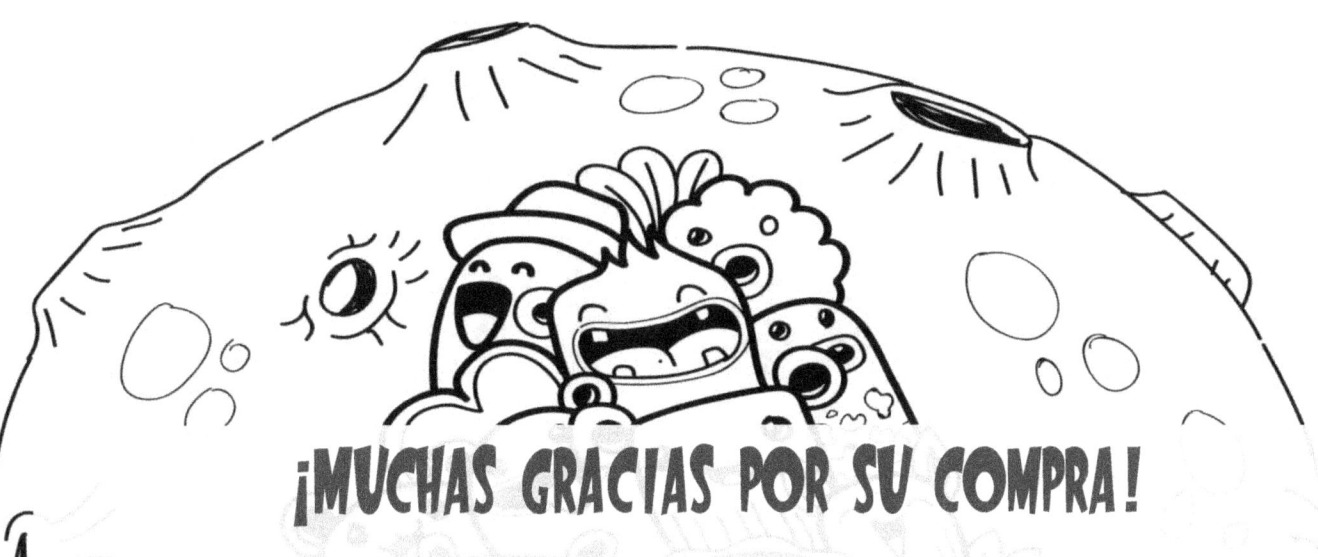

¡MUCHAS GRACIAS POR SU COMPRA!

SI DISFRUTÓ ESTE LIBRO, POR FAVOR DEJE UNA RESEÑA EN AMAZON. LAS RESEÑAS NOS AYUDAN A SEGUIR BRINDANDO CONTENIDO DE VALOR PARA TODOS, Y UNA RESEÑA SIGNIFICARÍA MUCHO PARA NOSOTROS.

¡GRACIAS NUEVAMENTE!

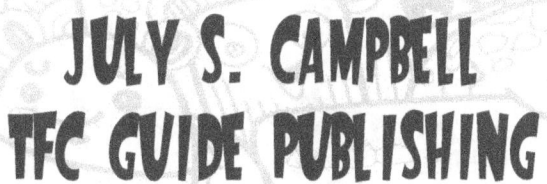

JULY S. CAMPBELL
TFC GUIDE PUBLISHING

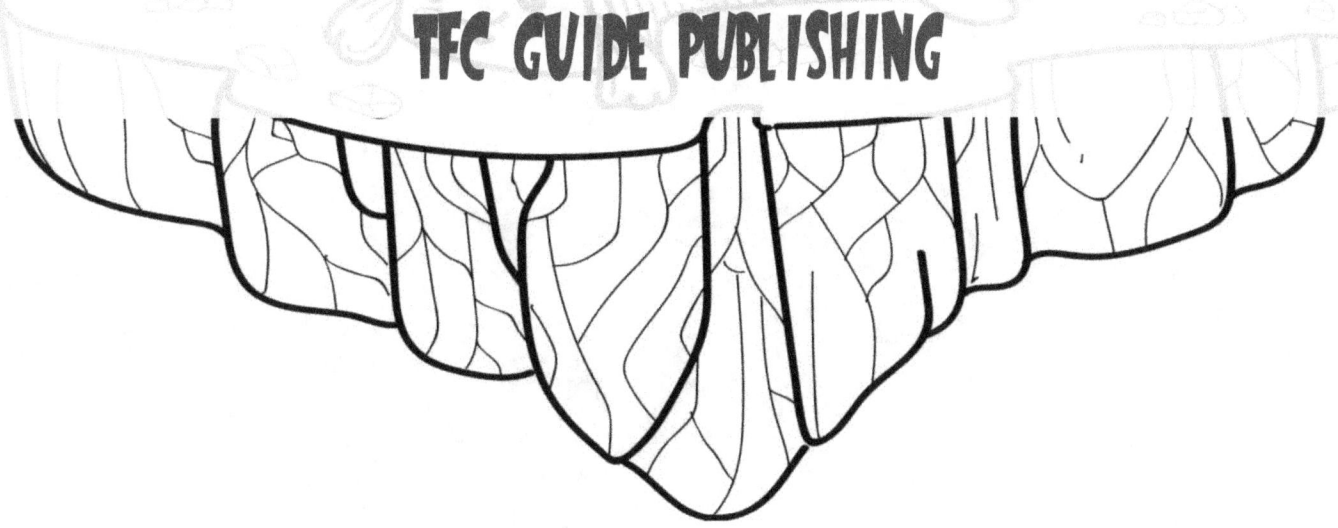

SÓLO UN PEQUEÑO FAVOR...

POR FAVOR SIÉNTASE LIBRE DE ENVIAR CUALQUIER CONSULTA O COMENTARIO A TRAVÉS DE:

CORREO ELECTRÓNICO: ADMIN@TFCGUIDE.COM

POR FAVOR ENVÍENOS UN MENSAJE Y LE ENVIAREMOS COMO REGALO UN PDF CON ALGUNAS IMÁGENES EXTRA PARA COLOREAR.

NUESTRA META ES MEJORAR Y CREAR LIBROS DE VALOR PARA USTEDES.
¡GRACIAS NUEVAMENTE!

JULY S. CAMPBELL
TFC GUIDE PUBLISHING

Más libros de July S. Campbell

TIENDA USA

TIENDA ESPAÑA